中華文化擷英

選堂題

上册

编著 施仲谋 杜若鸿 潘健 邬翠文
审订 杜振醉 何国祥 康一桥

北京大學出版社
PEKING UNIVERSITY PRESS

图书在版编目（CIP）数据

中华文化撷英. 上册 / 施仲谋，杜若鸿，潘健，邬翠文编著.—北京：北京大学出版社，2010.1

ISBN 978-7-301-16094-7

I. 中… II. ①施… ②杜… ③潘… ④邬… III.传统文化—中国 IV.G12-49

中国版本图书馆CIP数据核字（2009）第197588号

书 名： **中华文化撷英（上册）**
主 编： 施仲谋
副 主 编： 杜若鸿
编 著： 施仲谋 杜若鸿 潘 健 邬翠文
审 订： 杜振醉 何国祥 康一桥
责 任 编 辑： 欧慧英
标 准 书 号： ISBN 978-7-301-16094-7/H · 2714
出 版 发 行： 北京大学出版社
地 址： 北京市海淀区成府路205号 100871
网 址： http://www.pup.cn
电 子 信 箱： zpup@pup.pku.edu.cn
电 话： 邮购部 62752015 发行部 62750672
编辑部 62752028 出版部 62754962
印 刷 者： 北京大学印刷厂
经 销 者： 新华书店
650毫米 × 980毫米 16开本 18印张 300千字
2010年1月第1版 2010年1月第1次印刷
定 价： 49.00元

作者简介

施仲谋 香港大学文学院副院长。已出版之著作有《语言教学与研究》、《广州音北京音对应手册》、《日本语广东语辞典》、《延寿与禅宗》、《诗演红楼》、《普通话教学理论与实践》、《中国内地、台湾、香港、澳门语文能力测试与比较》、《朗诵的技巧与训练》、《中华文化承传》及《中华文化撷英》等十多种。为世界汉语教学学会常务理事，并曾任香港中文教育学会会长等职务。

杜若鸿 香港大学中华文化研究计划副研究总监。已出版之著作有《中华文化承传》、《柳永及其词之论衡》、《香港作家作品研究》及“西湖三部曲”：包括诗歌《若鸿的诗》、摄影《西湖之梦》及小说《梦断西湖》。兼任香港新诗学会会长，香港作家联会学术部副主任及世界华文文学联会副秘书长。

潘　健 1967年出生，祖籍广东四会。为北京大学文学硕士，研究课题以中国古代文化为主。曾任香港专业教育学院中文科讲师。编纂书刊有《中华文化通讯》、《香港学生看中华文化》、《中华文化撷英》等。

邬翠文 1978年出生，广东龙川人。香港中文大学中国语言及文学系荣誉学士、文学硕士。现任职于香港大学中文学院汉语中心，负责“中华文化教学研究及实验计划”编撰工作。

序　一

世界是多元的，文化也是多元的；民族文化是民族的魂，是每个民族成员的精神之根；不论意识到还是没意识到，也不管自己愿意不愿意，人人都时时生活在本民族的文化环境中；即使长期生活于他国，文化之魂和根也还是要时时伴随着自己。文化就是这样无时不有，无处不在。这些，是全世界各个学科学者们的共识。

但是，并不是世界上的每个人都意识到了这些，对自己民族文化的优点和不足，往往只能举出具体事例而说不出所以然。这是因为文化常常无形（例如思想观念、风俗习惯），看不见，摸不到，只能用心去领会、思考；即使是有形的文化（例如绘画、建筑等艺术形态），其中所包涵的思想感情往往也是语言所难以表达的。同时，也不是每个人都思考过"什么是文化"、"文化内部怎样分类"、"不同文化之间是怎样冲突而又相互吸收的"等问题，即使是历史学家、哲学家，也是见仁见智，从没有得出过一致的结论。这是因为文化太复杂了，永远变动不居；也是因为每位学者研究时使用的方法、切入的角度、本人的文化背景千差万别。

文化的知识总要普及，以使更多的人成为文化的"自觉者"；对于不大熟悉自己民族文化的人，包括当代的青少年，还需要多多介绍本民族固有文化的种种形态和其中所蕴藏着的宝贵的民族精神。中华民族在崛起的过程中，更不能等到学者们研究清楚了再行动，也不能只介绍文化的一些形态而不引导人们深思它是如何渗透着民族魂、怎样不停演变的，其中哪些值得我们保存、弘扬，哪些已经不适应今天的社会。

香港大学中文学院汉语中心连同香港教育局等机构，在海内外学者的支持下，展开对香港中学和学生的深入调查，启动了“中华文化世纪工程”，始而编成《中华文化承传》，供香港初中学生使用；继则编成这部供高中使用的《中华文化撷英》。

《中华文化承传》一问世，即受到香港学生、教师和社会的好评，不久又以简体字在内地出版，不久还可能如我所希望的介绍到欧美。我曾经想过：《中华文化承传》的“秘诀”是什么？我想，一是因为参与研究和编写工作的专家们对承传中华文化的执着，并且明确地以使青少年具备对优秀中华文化的“认识、反思、认同”，“提高批判性思维和独立思考能力，培养正确的伦理道德观念”为目标；二是因为他们对现代青少年十分了解；三是尽力解决了学术研究和教育普及的关系，走出了书斋，研究—教学—研究……循环往复，至于成功。这部《中华文化撷英》，就是前一阶段成功的继续，是“中华文化世纪工程”的新阶段成果。

在完成了《中华文化撷英》之后，编者们还要朝着为大学生编写更为高级的读本努力。我殷切地希望他们能够及时总结以往的经验，既作为下一阶段工作的基础，又可以供海内外热心普及和研究中华文化的学者们借鉴。我相信他们一定能够成功。

许嘉璐

全国人大常委会副委员长

2007年国庆日之次日

于日读一卷书屋

序 二

中华文化博大精深，是世界上最悠久的文化体系之一，对人类文明的进展曾经产生过深远的影响。近百年来，关于中华文化的过去、现在与未来的探讨，成为学术界一个关注的热点。如今，海内外的“中华文化热”方兴未艾，各种不同的观点、理论和主张，重新审视中华文化在世界文化格局中的位置，形成了一股热烈的风气。一向以来，文化研究侧重于学术层面，不太重视普及化，坊间的一般文化书籍，随意性又太强，如何统合学术性和普及性，建构一个深浅得宜的内容框架，是当今文化研究领域亟待开拓的课题。

由香港大学中文学院汉语中心研究小组执笔，结合海内外专家的共同努力，《中华文化撷英》在参照大量古今文献的基础上，进行了中肯、深入而全面的探讨，具有巨大的时代意义。综观全书，创获之处颇多，主要有以下三大特色：

学术性与可读性兼具，是本书的一大特色。全书引用了大量的文献资料，显现出研究人员深厚的国学根基。自然，这些学术观点都是在经过理解和消化后，以深入浅出的文字带给读者的。它没有学术论文的晦涩和烦冗，尽量避免注释和征引原文，偶然引用原典，著者都尽量清晰交代。此外，对各种材料，都尝试在归纳整理后，力求以浅白的语言带出，因而与读者建立了一道沟通的桥梁，而不会使人望而生畏。

博观约取，内容丰富，是本书的另一大特色。八个专题的内容，涵盖政治与发展、经济与生活、文学与人生、艺术与审美、科技与文明、伦理与教化、思想与社会、传承与交流等各大范畴，涉及中华文化的方方面面。而相关知识点的选取，是建基于学者、教师、学生等的综合意见，具有一定的代表性。

其三，中肯的观点和鲜明的时代感贯穿全书。对于中华文化固有的优良传统，如和而不同的包容胸怀、自强不息的文化精神、天人合一的终极关怀、仁义礼智的道德理想、追求和平的淑世精神等超越时代的价值，研究者给予了充分的肯定。而对于中华文化的不足之处，也客观地予以揭示和批判，如指出西方文化中重视民主、自由、科学、法治之精神，乃过去伦理型中国社会较为薄弱的环节。所谓“沉浸浓郁，含英咀华”，“撷英”之深意，读者当可细细咀嚼其芬芳。

香港地处中西文化的交汇点，不仅与世界各国的文化有广泛的接触，同时也是华人地区思想和言论最自由的地方。香港人与西方文化接触比较多，对中华文化的传承却略嫌不足。香港大学文学院自成立至今，向以传承国粹、贯通中西文化为目标，借以培养学生对国家民族的感情，并了解中华文化在当今世界的意义和地位。如今，历经数载研究，《中华文化撷英》终于由北京大学出版社正式出版了，这是文化学术界的一件盛事，我乐见其成。

无独有偶，目前我也正在编撰一部有关现代中华文化的学术著作，并将由剑桥大学出版社出版，故与中华文化亦称有缘，是以略述数语，忝列为序。

雷金庆

香港大学文学院院长

2007年10月

前言

一、研究缘起

踏入21世纪，抓住中华文化复兴的机遇，本着香港为中西文化交汇点的优势，香港大学中文学院汉语中心，连同香港教育局、香港中华文化促进中心、香港教育工作者联会携手合作，并邀请海内外学者专家担任顾问，正式启动“中华文化世纪工程”，旨在落实中华文化的普及教育。这个工程，从小学、中学，直至大学，循序渐进，由浅入深，设置中华文化各个阶段的学习内容，从而建构渐进式和系统化的文化学习模式，使我们的下一代从小就能增进对优秀中华文化的认识、反思和认同，提高批判性思维和独立思考能力，培养正确的伦理道德观念，并为衡量传统文化对当今世界的意义奠定基础。

1992年，香港中学六年级正式设置了“中国语文及文化科”，这是中文教学的一个创举，也填补了几十年大学预科中国语文课程的空白。它改变了以往只把语文视为工具的偏向，同时强调中国传统思想文化的承传，且属必修必考课程。中国语文及文化科的宗旨，开宗明义是“增进学生对中国文化的认识，启发学生的思想，培养学生的品德，使能建立正确的价值观，加强对社会的责任感”。课程以唐君毅《与青年谈中国文化》、毛子水《中国科学思想》、韦政通《中国艺术精神》、金耀基《中国传统社会》、殷海光《人生的意义》及吴森《情与中国文化》等六篇文章为主要的研习内容。

整体而言，六篇文章涵盖了中国政治、社会、思想、科技、艺术及审美等各个范畴，可谓内容丰富，涉猎广泛。然而，由于学生在中小学阶段对中华文化的认识不多，基础比较薄弱，一开始便接触这些偏于理论层面的宏篇巨制，能真正理解并感悟的着实不多；再加上语文教师对中华文化知识的素养各异，教学成效互有参差。

2000年的中学课程指引，进一步将中国语文学习分为阅读、写作、聆听、说话、文学、中华文化、品德情意、思维及语文自学等九个范畴，并对中华文化教学提出三个学习的层面：认识、反思、认同。然而，中华文化博大精深，认识什么？反思什么？认同什么？初小、高小、初中、高中到大学各学习阶段如何具体落实？各学习阶段的知识元素如何组成一个系统而完整的知识链，体现由简到繁、由浅入深的螺旋式学习模式？这方面的课程纲要并没有提出具体的建议，亦鲜有人对此作深入的研究。

《中华文化撷英》是我们承接初中阶段《中华文化承传》的又一研究成果。为配合2005年在香港中学实施的“高中中国语文新课程”，并前瞻2009年“三三四”学制改革，研究将重点放在新高中中国语文科的中华文化范畴，同时密切配合语文新课程及通识课程的发展方向。本书可作为高中语文科必修课程及“选修单元·文化专题探讨”乃至通识教育科的配套教材。它的直接受惠对象是高中学生、教师和教育决策者，而大专学生和其他社会人士，亦可从中汲取丰富的中华文化养分，以提高个人的文化素质。

二、从单元学习到专题探讨

中华文化教学的范围非常广阔，各学习阶段学生的兴趣和能力发展各异；因此，制定一套配合不同学习阶段的教学大纲作为整体的指导方向，实在是当务之急。

一个渐进式和系统化的教学大纲是这样制定的：

（一）研究小组背后有一个高素质的顾问团，成员包括学者专家、中学校长及资深教师，除港澳地区外，还包括内地、台湾、新加坡、泰国、印尼、菲律宾以及欧美等国家和地区的代表。

（二）具体大纲以顾问委员会的意见及老师、学生的回响作综合研究，制定大纲之前，先以问卷方式作意见调查，充分考虑学科本身及师生、家长的需求，逐步修订完善。

（三）以学生为本，以适切性为原则，力求符合不同学习阶段的需要。

（四）以探讨问题的形式引导学生学习和启发学生思考。

（五）所选知识点以学生在该学习阶段所应掌握的为原则。

（六）教学目标分认识、反思、认同三个层面，高中学习阶段的侧重点由初中的“认识”转移到“反思”层面，以适应不同阶段的要求。

配合中国语文科中华文化的教学目标，初中中华文化的二十四个单元内容如下：

神话故事	民间传说	社会习俗	传统节日
河山风貌	名胜古迹	礼仪情操	工艺服饰
饮食文化	康乐文娱	文学作家	名篇佳作
伦理道德	经济贸易	交通传讯	科学技术
艺术欣赏	人文教化	语言文字	修辞语汇
治乱兴衰	历史人物	学术思想	宗教人生

高中中文科的文化学习是初中课程的延伸和深化。从学生的认知能力出发，初中从文化知识的“面”铺陈，较侧重于对基本文化知识的掌握；高中则在“面”的基础上进入“点”的“专门化探讨”，有机地结合新课程强调的“独立思考”和“批判性思维”的要求。这样，学生在完成中学的学习阶段后，就能达到“点面俱圆”的目标。高

中中华文化八大研习专题内容如下：

政治与发展　经济与生活　文学与人生　艺术与审美

科技与文明　伦理与教化　思想与社会　传承与交流

研究在宗旨、深广度和形式方面都具有全新的元素，一方面注意与初中的衔接，另一方面从高中学生的认知能力出发，设立相应的专题，兼顾其思辨性及批判性。研究人员本着中国语文科“学会学习”、“广泛阅读”、“寓文化于语文学习”和“跨学科学习”的宗旨，在制定文化学习大纲和设定范围后，依此编订合适的中华文化专题阅读材料，并组织学校进行教学实验，根据教师和学生的意见进行修订，再结合专家学者的意见，不断完善，以提高其“科学性”和“可读性”。文化教材的内容是否拿捏准确，以前线教师与在学高中生的回响最能得出结论，实验教学为难以确定的文化点找到了立项的根据，使其更具代表性。

三、学术性、知识性、思辨性、趣味性兼具

《中华文化撷英》分上、下两册，每册4个专题，每个专题有18至22篇文章，8个专题合共有156篇。文化读物内容的深浅程度力求切合高中学生的心智发展水平，并与品德情意的培养相结合；在介绍文化知识的同时，辅以批判性的笔触，启导学生进入文化思辨和认同的层次；文章体式则采用“评论式小品文”，透过轻松活泼的评述笔调介绍文化知识，并加插图片，以提高学生的学习兴趣。

本书力求做到学术性、知识性、思辨性、趣味性兼具。“学术性”是指吸收当今学术研究的最新成果，进行综合分析，中肯、客观地审视和评价中华文化；“知识性”目的在于引导学生了解中华文化的精粹，并认识其不足；“思辨性”在于引领学生进行反思，认同优秀的中华文化，有所批判地继承；“趣味性”目的则在于激发学习动机，使学生积极主动地学习，引起共鸣。

从微观的角度而言，该项研究只为中国语文科中华文化范畴的课程设置、教学大纲、教学内容作出探讨；从宏观的角度而言，重新整理、审视、评价中华文化，实为中华文化走向现代化不可或缺的一环。如今，从初中进一步推及高中，深化文化知识点和加强文化思辨，以体现不同学习阶段的不同学习目标，除配合香港回归以来特区政府对“国情教育”、“国民身份认同”的推动外，更在于对文化教学的系统化作长远的规划。

四、结语

《中华文化撷英》是《中华文化承传》的姊妹篇。这两部文化著作的相继面世，希望能引起海内外文化教育界先进的关注，进一步就每个学习阶段的文化教学作补充研究，以促进廿一世纪中华文化教学的全面实施，并为中华文化的复兴建构一个切实可行的方案。

本书纲目的厘订，范围的设定，每费权衡；知识点的撷取，观点角度的创见，容或未尽精当。敬祈海内外学人及教育先进，不吝赐正为盼。

施仲谋
杜若鸿 谨识
2007年9月

专题一

政治与发展

目录

专题二

经济与生活

专题三

文学与人生

专题四

艺术与审美

中華文化擷英

专题一

政治与发展

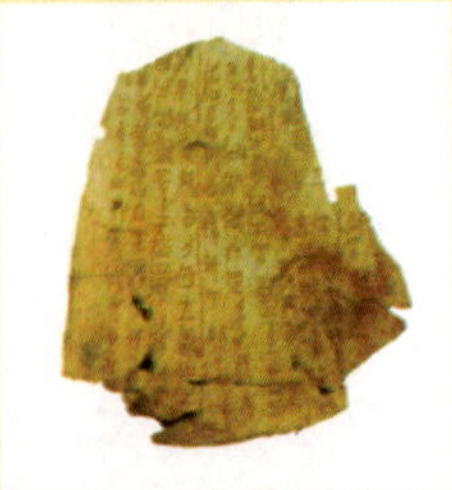

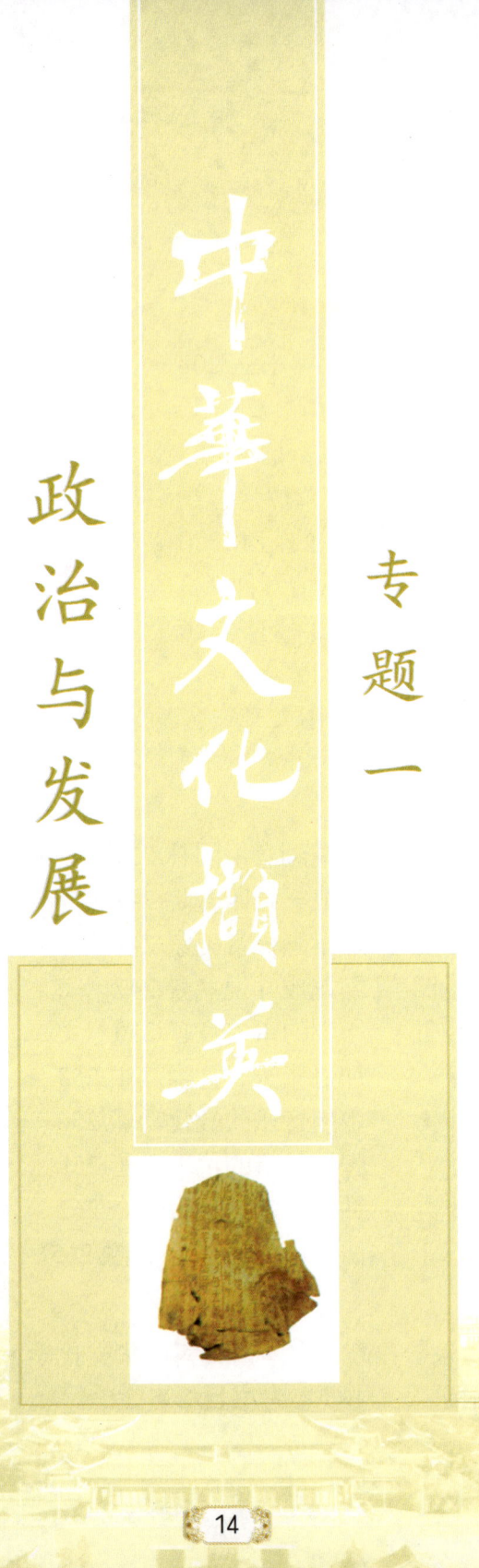

一　儒家政治观念的渊源

《论语·述而》记载，孔子曾经表示渴望梦见周公，对周公极为敬仰和追慕。孔子为什么这般推崇周公呢？

敬德保民

周公姓姬名旦，是周文王姬昌的第四子，也是周武王姬发的同母弟，又是周成王的叔父。周公是西周初期一位杰出的政治家，又是中国历史上第一位较系统地提出政治观点的思想家。他的政治观点直接启发了儒家的政治学说，塑造了传统政治和法律的面貌。

夏商时期，君主借着天道鬼神的观念来管治人民，又以“代天行罚”的理据来镇压百姓。统治方式崇尚暴力，专讲刑杀。到了西周初期，周公鉴于前代的政治缺失，便在天道观念的前提下，提出“德”的概念。他认为君主必须重视道德，“以德配天”，才能上承天命，保育人民。实际上，周公“敬德保民”的观点，不但把施政方针从刑罚转向德治，而且关注焦点也从天命移向了民情。

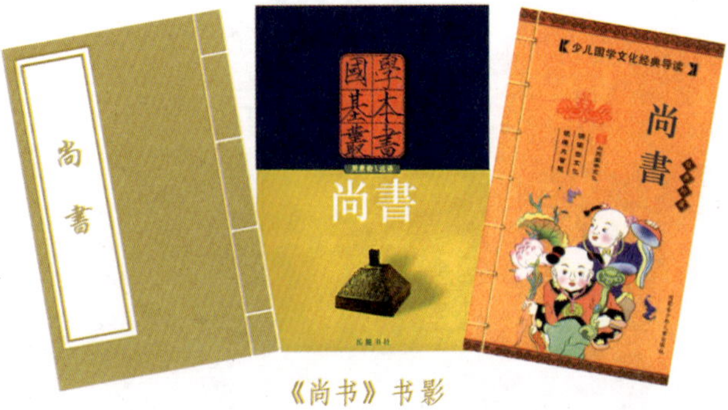

《尚书》书影

崇尚德政

《尚书》的不少篇章都记载了周公崇尚德政、慎用刑罚的政治主张。而周公所说的德政主要包含了勤政、惠民、裕民和任贤几方面。勤政就是要求君主严于律己，勤于政事，力戒荒淫。《尚书·无逸》劝戒君主不可贪图逸乐，要知道农事的艰难，体恤人民的疾苦，才能治理好天下。惠民就是要顾及人民的需要，对他们施以恩惠。而惠民最好的做法就是爱惜人力和物资，善用人民的徭役赋税，不作无度的享乐。裕民就是要宽厚待民。周公认为，民怨的根由在官不在民；君主应该以温良的态度对待民怨，并检讨行政的得失，更要承认施政的错误。任贤就是要求君主重视官吏的选拔和任用。《尚书·立政》很集中地展示了周公的任贤思想。他认为要以政绩的优劣去考察治事人员，而以民意的向背去评核理民官，并以法理的可否去褒贬执法者。

慎用刑罚

在慎用刑罚方面，周公首先提到“刑当其罪”，就是要求运用刑罚适中，不可偏颇。其次，量刑时要注意罪行的具体情况，因时制宜。如果是故意犯罪，或是惯犯的话，罪虽小也应重罚；要是无心之失，或是初犯，罪虽大也可从轻发落。再者，断案必须慎重。在听讼的过程中，一定要详细审察供词和案情，经过反复思考才作判断。此外，狱讼的事务应由专职的官员去掌管，君主不应妄加干预，以保障司法的独立和公正。还有，周公认为刑罚的目的，不纯粹是为了惩罚罪犯，而在于劝民为善，防止犯罪。君主应把人民的罪行看做自身的疾病，细心加以治理和调养，以这种态度去运用刑罚，就能起到劝善止恶的作用。

启发儒家思想

周公在三千多年前提出这些体恤民情的政治理念，实在是难能可贵的。孔子生活的年代距离周公只有四百多年，他又长期生活在周公的封地鲁国，接触了大量反映周公思想的文物典籍，而他对周公的政见也十分认同。在这种背景下，孔子就继承了周公的政治理念，发展出儒家的“德治”主张。孔子重视统治者的德行和才能，又主张轻徭薄赋，宽厚待民；在运用刑罚方面则要求做到轻重适宜，并强调道德教化的作用，反对“不教而杀”[①]。这些政治观点都是直接继承自周公的。而后来孟子提倡的“仁政”，荀子提倡的“礼治”，都是一脉相承的。

周公画像

假如说孔子是儒家思想的奠基者的话，那么周公就可算是儒家思想的启蒙者。难怪人们在尊称孔子为“至圣”之余，也不忘周公对传统文化所作的贡献，尊称他为“元圣”。

①《论语·尧曰》：“不教而杀谓之虐。”

二 “内圣外王”的德政观念

秦王嬴政统一天下，自以为功德超越三皇五帝，不再满足于“王”的称号，因而以“皇帝”作为国君的专称，并自称“始皇帝”。唐代以后，君主为了满足自己的虚荣心，又在“皇帝”之前加上别的尊称。如唐玄宗的尊号为“开元圣文神武皇帝”。值得注意的是，这些尊号亦神亦圣，但然而是不是都名副其实的呢?

以圣道显王功

“内圣外王”所谓的“圣”即“圣道”，“王”即“王功”。换句话说，“圣”就是内在的道德至善，“王”就是外显的博大事功。“内圣外王”既是道德命题，又是政治命题。“内圣”，即是通过修养心性，增进德智，以达至圣贤的境界；“外王”，即是通过肩负天下重任，利济苍生，以实现理想的政治。

“内圣外王”一语本出于《庄子·天下篇》，但由于这概念的

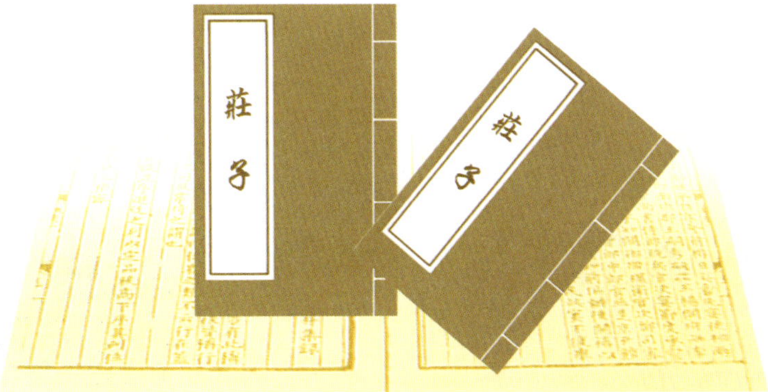

《庄子》书影

基本精神暗合儒家思想，因此西晋玄学家郭象注释《庄子》时，就把儒家思想概括为“内圣外王”之道；而北宋理学家邵雍，又在《皇极经世》中强调“内圣外王”是儒道合流的概念。此后，人们逐渐习惯以“内圣外王”阐述儒家的政治观念。如康有为在《论语注》中指“内圣外王”为孔子之道，而牟宗三又认为“内圣外王”最能体现儒家精神。

三纲领八条目

在儒家典籍中，较为集中阐述“内圣外王”的观点和思路的，是《大学》中的“三纲领”和“八条目”。“三纲领”是指“明明德”、“亲民”、“止于至善”，为实现“内圣外王”的总体方向。概括来说，就是要求君主体认道德价值，并将之昭示于天下；继而做到推己及人，教化百姓，从而使得社会上士农工商各色人等，都能达到符合伦理道德标准的至善境界。“八条目”是指“格物”、“致知”、“诚意”、“正心”、“修身”、“齐家”、“治国”、“平天下”，为实践“内圣外王”的具体步骤。“修身”之前是“内圣”的工夫，“齐家”、“治国”、“平天下”则是外王的表现。这套由内及外、由己及人的实践步骤，又可以概括为“修、齐、治、平”，即以自我修身为本，以弘扬道德为起点，并以和谐稳定的统治效益为目的。

“内圣外王”的思想，经过汉唐儒者的不断充实，到宋明时期进入理学的范畴，得到充分的阐释和应用。南宋理学家真德秀写成《大学衍义》，阐发“内圣外王”的义理，并得到君主的认同和赞许。自此，“内圣外王”之学便成为官方学说。宋理宗曾表示，《大学衍义》此书具备了人君的轨范；元武宗认为凭此书就足以治天下，致太平；而明太祖更奉之为帝王

《大学衍义》书影

之学的要典，命人将《大学》用大字写于殿堂庑壁。《大学衍义》主要阐明"格、致、诚、正、修、齐"的意旨，认为帝王只要修养己德，便可致"治、平"，偏重帝王内在道德的修为，是"内圣"的工夫；及明中叶，学者丘濬撰成《大学衍义补》，着重阐明以致"治、平"之效，收"格、致、诚、正、修、齐"之功，偏重外在事功的建立，则是"外王"的工夫。二书相得益彰，"内圣外王"的义理得到完整地阐发。

有其名无其实

儒家"内圣外王"的政治观念，一方面夸大了道德的功能，把所有问题化约为道德问题，以纳入德治的理想；另方面又忽略了人的自然本性和社会需求，把人看做一个抽象的道德实体。随着君主政体的确立和巩固，汉以后的统治理念实际上大都是"儒表法里"的。在这种理念下，"圣道"往往只是一种政治的宣传口号，而理想中的圣王则从未出现过。

而且，在君主专制的政治环境中，能够成圣的，也未必就能称王。就以至圣孔子为例，他为了贯彻自己的政治主张，而周游列国，以身正道。然而，孔子最终不但没有成王，就连他的政治主张也不被认同，以至慨言要借木筏飘往大海，远离政治。后来，孔子在汉代虽还享有"素王"的尊号，但随着君权的日趋独尊，到了清代的雍正皇帝，只把孔子看做一个尽其本分的臣子而已了。

事实上，"内圣外王"只是先秦儒家的政治理想，君主刻意打造的政治形象。虽有史家批评宋徽宗荒淫昏庸、穷奢极欲，以致最后国破家亡，客死金邦，但他的尊号还不是亦神亦圣、仁德慈孝俱全的十八字美名[1]吗？何其冠冕堂皇！

①宋徽宗的尊号全称：体神合道骏烈逊功圣文仁德宪慈显孝皇帝。

三　道德与强权的相互表里

《史记·宋微子世家》记载：宋襄公曾与楚成王在泓水交战。在楚军未渡河时，宋公子目夷建议应趁楚军渡河时进攻，但宋襄公不听从。及至楚军渡了河，还未做好布防，目夷又建议乘乱进攻，但宋襄公表示还要再等。最后，等到楚军列好了阵形，宋襄公才下令开战。战后，宋襄公解释迟迟不开战的原因："君子不困人于厄，不鼓不成列。"表示有道德的人不会乘人之危；在对方还未做好作战准备时，是不应该击鼓进攻的。公子子鱼知道后，不以为然，指出"兵以胜为功"，认为战争的根本目的就是为了取胜；要是为了讲求道德而失却战胜之机，倒不如及早认输，臣服于对方。可见，宋襄公只讲求仁义道德，而公子目夷、子鱼等则以强权功利为先。

《史记》书影

两种政治取向

其实，道德与强权是政治上的两种取向。道德主要是指儒家的德、礼、仁、爱等治国理念，而强权则是指战争、刑法等强制手段。在古代，这组概念有时是以“德”与“力”、“王道”与“霸道”等概念来表示的。自先秦至清末，有关道德与强权的讨论不断，而开端则源于先秦的儒家和法家。

儒家讲道德

孔子主张“为政以德”，认为君主应尊重臣子，爱护人民；遇上怀有敌意的外族，就更应该完善自己的道德，以期对方因向慕自己的德行而归附。假设拥有食、兵、信三个治国条件，如果只能保留一项的话，孔子则表示可以排除“兵”和“食”，而绝对不可以摒弃“信”。此外，孟子也认为，治国要“行仁政”，讲求“孝悌忠信”，做到“以德服人”。同时，他认为战争会造成人命的损失，不合天道，所以极力反对战争。可见，孔孟是重道德而轻强权的。

孔孟的政治主张，强调人的道德自觉，相信人性本善，认为只要启发、培养、坚守君子的人格，就能实施贤人政治。事实上，这种理念寄托了对上古社会的主观认识，以及对先王政治的坚执信念，具有一定的理想主义色彩。

法家重强权

法家思想盛行于战国时代。当时，诸侯混战，互相兼并。战争实力和政治谋略成为重要的治国条件。而当时的法家，以韩非为例，就从现实的政治环境出发，洞悉人性，认为人性是“好利恶害”的。韩非强调，只有以刑法、战争等手段强制人的行为，人们才会顺从，而政策才会产生预期的效果。他指出：“事异则备变，上古竞于道德，中古逐于智谋，当今争于气力。”[1] 认为儒家的道德理想已经过时，而当世的政治应该以强权为根本。因此，韩非提倡发展农业和军事，以增强国力；又主张实施严刑峻法，以操控臣民。

①《韩非子·五蠹》。

儒表法里

法家和儒家的治国理念，在理论的层面上虽有不同的价值取向，但在实际的操作上，却互为表里，出现了合流的现象。

孟子在《孟子·公孙丑》阐述仁政时提到“以力行仁者霸”，“以德行仁者王”，表示依循道德以实行仁政的，是“王道”政治；而标榜仁义以推行强权的，只能算是“霸道”政治。这里提到的“霸道”就是当时政治的现实反映。事实上，当时很多诸侯在进行不义的兼并战争时，都同时假借仁政的名号，以粉饰自己的政治形象。例如齐桓公在推行霸政时，就曾特意恩恤贫困，任用贤能，收买了齐国的民心。

《孟子》书影

儒家的道德政治有助于笼络人心，营造和谐的社会气氛；而法家的强权政治则有利于提升国力，达到显著的管治效果。以道德的形式去制造舆论，再以强权的手段去推行政策，十分切合君主专制政治的实际运作。西汉武帝时，“罢黜百家，独尊儒术”，实行大有为之治，把国力推向巅峰。史家认为他实际上所采取的乃是“儒其外而法其内”的治术。而这种“儒法并用”、“儒表法里”的政治模式，一直是古代政治的主流。

根据《史记》的叙述，泓水之战，宋军大败；宋襄公更伤了大腿，并为国人所抱怨。毕竟，在现实政治中，最好能在道德与强权之间取得平衡。否则，过犹不及。

四 古代的天道观

《汉书·谷永杜邺传》记载：汉成帝三年（前35年）的某个冬日，同时发生了日蚀和地震。丞相谷永认为这些灾异是上天对成帝的惩罚。他当面指责成帝沉溺后宫，不理政事，并要求成帝改善施政，弥补过失。谷永敢于冒死犯颜直谏，其实都是假借天威。

从天意转向人事

在文明发展的初期，人们对天的认识有限，但生活的各方面却受到天象的支配，便很容易产生对天敬畏和崇拜的心理。人们对天及与其相关的现象不了解，便往往从人类本身进行比附，赋予天以人的特质，认为它有意志，有情感，甚至能够判断是非，施行赏罚。这种天道观念，成为古代政治思想中的重要内涵。

根据甲骨文的资料，商朝人笃信天道，认为天有无限的权能，可以呼风唤雨，赐福降灾。他们以占卜的方式去判断天的意志。而

商代的甲骨文

主持占卜和解释卜辞的人就是君主，或是君主所委托的代行人。这样一来，政治上的支配权自然就落在君主手中了。

后来的周人认为，商朝即使笃信天道，也不免失去政权。因此，他们开始怀疑天道。在这种情况下，周人为了修正商人的天道观，便在前人的思想基础上，提出了“德”的观念。德字古代从“直”、从“心”，写作“悳”，具有正心之意，也就是指个人的修养。周人认为，君主只有修德，才会得到天的眷顾。个人修养属于人力的范围。而周人把焦点从天意转向人事，可说是思想上的一大进步。

春秋战国时代，很多思想家和政客都已经不相信天是有情感、有意志、全知全能的人格神。他们虽然经常提到天，但并不见得都是一种信仰的表述。例如孔子所说的天或天命，主要是指自然的法则。他“不语怪力乱神”[①]，又说：“敬鬼神而远之。”[②]可见他并不重视虚缈的天道。在先秦诸子中，墨子是有意利用天道观念的。他认为当时天下之所以大乱，主要是因为人们不再相信天道和鬼神。但他宣扬天道鬼神的赏惩力量，主要是为兼爱、非攻等墨家理论寻找理据。

天人感应

另一方面，战国时期的阴阳家承接商周的天道思想，逐渐酝酿出“天人感应”的政治观念。所谓天人感应，是指天会因应君主行政的得失，透过祥瑞和灾异的现象来施行赏罚。两汉时期，伏生（即伏胜）、董仲舒、刘向、刘歆、班固等儒者把天人感应的理论作了系统而详细的阐述。他们认为君主的思想、态度和言行都要符合一定的法度，以取悦上天；而且，所有政治措施都要因应时令，以配合阴阳的消长。例如春夏属阳，阳主生，属德，所以要鼓励耕织，施行赏赐、封爵，避免行刑、用兵；而秋冬属阴，阴主杀，属刑，是以一切收割、贮藏、断狱、行刑、征讨等事都应该在秋冬进行。这套天道观念虽然沾染了阴阳学说的神秘色彩，但当中所提倡的顺时令、守道德的核心精神却基本上符合儒家的主张。

---

①《论语·述而》。
②《论语·雍也》。

天道即自然

先秦时代，孔孟虽然不谈天人感应，但都不曾公开反对天道观念。而荀子却是个异数。《荀子·天论》采取经验和实证的观点，指出天只是自然的法则，没有情感，无所作为；天下的治乱都取决于人事，而不在于天意。这种理性的观点在当时来说是难能可贵的。到了东汉，王充秉承荀子的精神，在《论衡》中驳斥了天人感应的理论，认为天人不能互相感应；灾异祥瑞只是自然现象，无关君主的德行和施政。

总的来看，尽管古代中国是注重人事而不迷信天意的，但很多时候，天意天威却被统治者用作维护其权威的神秘思想武器。例如，汉成帝被谷永指陈过失后，不但没有生气，反而下诏罪己，自言治国经验不足，行政失当，以致上天借灾异警示。他又请公卿百官直言己过，以为鉴诫。这样一来，成帝便成功树立了体恤民情、虚心纳谏的政治形象，而地震和日蚀便成了这次政治宣传的道具了。

《论衡》书影

五　国君的家天下意识

宋太祖画像

宋太祖在黄袍加身，取得政权后，随即宣称：国家“非一人之天下，唯百姓之与能”①。表示自己即使化家为国，也会以百姓为念，不以国家为一己之私。所言极尽冠冕堂皇。

化家国，以国家

早在春秋时代，已有“国家”的概念②。不过，当时的“国”和“家”是两个概念，亦即东汉经学家赵岐所说的：“国谓诸侯之国，家谓卿大夫家也。”而“国”与“家”概念合而为一，构成“国家”一词，可说是中国古代特有的文化现象。

自夏商以来，中国古代社会组织的演化，都受到宗法制度的影响。宗法制度源于原始父权社会的组织架构，是宗族内部的习惯法规。它根据血缘关系来界定尊卑、长幼、嫡庶等社会阶级，从而确定宗族成员的主从关系和等级秩序，进而决定权力和财产的分配。

西周时期，宗法制度被应用到政治层面上。以西周姬姓的宗族来说，周王室为姬姓宗族的大宗，周天子集君主和宗主的角色于一身。对于其他的姬姓诸侯、诸侯国所分封的卿大夫，以及天下的民众，周天子都同时拥有宗法观念上的宗主地位，以及政治观念上的君主地位。

①《宋大诏令集》卷一八七，《即位论郡国诏》。
②《左传·隐公十一年》：“礼，经国家，定社稷，序民人，利后嗣者也。”

在这种情况下，宗法制度就成了政治制度，而宗法观念也就成了政治观念。后来，儒家的政治学说进一步阐扬和发挥西周的宗法文化，并在秦汉之后长期居于主流文化、官方学说的地位，以至宗法观念成为古代政治的固有特色。

在宗法政治的观念下，宗主借着等级秩序所赋予的特权，在宗族里拥有个人专断的权威，能够强制宗族成员的绝对服从，并掌握了所有宗族成员和物质资源的拥有权和支配权。当这种观念落实到政治层面时，君主便理所当然地拥有绝对的权威；他的意旨就是通行的律令③，而天下的人民和财产都归他所有。这样一来，国家、天下就等同于君主的家族，成为君主的私产了，从而，君主亦就化家为国，以国为家了。正如《明史·海瑞传》所说的："夫天下者，陛下之家。"

天下私，弊端百出

在家天下的观念下，国家成为君主的私产，并产生了各种不良的后果。

君主集合所有权力于一身，以至国家的兴衰存亡在很大程度上都取决于君主的施政表现。而在古代的政治现实中，君主有贤有愚，或明或昏，或仁或暴，施政表现良莠不齐，很难保障政治的稳定性。要是连续遇上明君时，国家就能保持较长的强盛时期，如汉代的文景至昭宣之治，以及清代的康雍乾盛世。然而，当遇上昏庸如秦二世、暴虐如隋炀帝等君主时，即使原本强盛的国家，也会因而衰败下来。

隋炀帝画像

再者，身为君主，即便拥有国家，也会惹皇室内外的觊觎，从而引发权力斗争，造成政局的动荡。例如西晋的"八王之乱"，就是混杂了皇室、外戚、宗王和门阀势力

③《汉书·杜周传》："前主所是著为律，后主所是疏为令。"

的权力斗争过程，前后延续了十六年，造成多番的人命杀戮，以及不断的政权转移，最后更导致“五胡乱华”的局面。

还有，君主视国家为私产，忽略了国家的整体利益；为求保障自己的统治地位，往往不惜牺牲臣子的政治品德。例如汉高祖刘邦，曾经率军镇压九江王黥布的叛乱。途中，刘邦多次派遣使者查问相国萧何在朝中的动静。萧何本来打算如实报告：自己用心治理人民，并尽力做好后勤的工作。当时有人从旁劝阻并且指出，君主派人查探相国，只是因为相国位高权重，深得民心，有可能颠覆君主的政权。萧何听后，深以为然，决定以低价收购大量民间田宅，以触怒人民，自毁声誉。最后，高祖得知，反而大加赞许。又如宋代的大将岳飞，抗击金人，尽忠报国。可是，他的爱国行为不但功高盖主，而且威胁到宋高宗的偏安心态。结果，岳飞就受到孤立，最后更以“莫须有”罪名被加害于狱中。

事实上，宋太祖以“陈桥兵变”取得政权后，第一件事就是以“杯酒释兵权”的方式削弱所有武将的军权，以防兵变再起，威胁到自己的江山。所谓“非一人之天下”，只是开国初期的宣传口号而已。

六　民本思想的真谛

明末清初的思想家黄宗羲在《明夷待访录》中提出："盖天下之治乱，不在一姓之兴亡，而在万民之忧乐。"认为政治的原则，不在于维护君主一家一姓的私利，而应以国家人民的福祉为依归。黄宗羲的政治观点，可以代表古代民本思想发展的一个高峰。

君主须尊重民意

《尚书·五子之歌》早已提出"民唯邦本"的观念，认为人民是国家的根本。而《孟子·尽心》又指出："民为贵，社稷次之，君为轻。"进一步肯定了人民在国家组织里的首要地位。

既然肯定人民的地位，当然就要重视民意了。我们知道，古代流行天道观念；而天道观所指的天命，实际上是以民意为依归的[①]。《尚书·泰誓》提到："民之所欲，天必从之。"就是说天命是源于民意的。根据这种观念，我们可以这样理解：君主受命于天，统治人民，就必须尊重民意；否则就是违背天命，并将因此遭受天谴，甚至失去政权。《孟子·离娄》指出，夏桀和商纣之所以败亡，就是因为他们违背民意，以致失去民心。

大体来说，先秦时代以儒家所讲的民本思想较有系统，也较为详尽。秦汉以后，民本思想仍然是古代政治思想的主流，历代的思想家对此均有所阐发。及至清末，西方的民主思想传入中国，从本质上改变了人民对政治的要求，民本思想才逐渐淡化。

①参见本专题的《古代的天道观》，页25–27。

民本和民主有别

民本思想是一种约束君权的思想，虽然强调人民的地位，但并没有把人民看做国家的主人，还说不上是民主思想。

在民主思想下，没有统治者和被统治者之分，只有公民和执政者的区别。公民是国家的主人，他们有权选择和罢免执政者，要求执政者根据他们的意向来立法和施政。而执政者是人民的公仆，必须对人民负责；遇上违法失职，或其政策得不到人民拥护时，须立即改正，或引咎辞职，甚至接受法律的制裁。

《吕氏春秋》中所谓“天下非一人之天下，天下人之天下也”②，只是对君主的告诫，而不是人民的权利。事实上，君主仍然掌握着

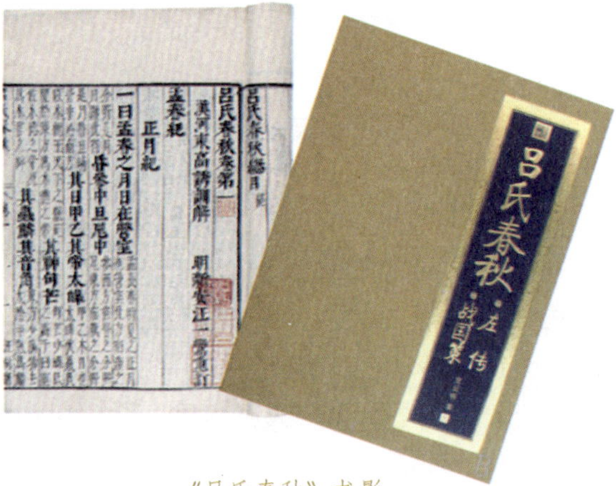

《吕氏春秋》书影

天下的支配权，以及对人民的管治权。即使君主真的爱护人民，重视民意，也最多只能达到《尚书·康诰》里提出的要求：把人民当做子女般看待。如此一来，君主就变成了人民的父母。这实际上就是一种家长式的统治观念。而在传统的社会中，家长对子女仍然是拥有绝对管治权的。

所谓“民为贵”、“君为轻”，也只是一种政治理想的寄托。事

② 《吕氏春秋·贵公》。

实上，人民即使不满君主的统治，也不容许“犯上”、“作乱”；遇上政策能够顺应民情的话，人民只会把它看做君主赐予的恩德。久而久之，人民便养成依赖、被动的性格，对生活只有期待，没有要求，更不会积极争取。这种性格特点，与民主思想所蕴涵的独立自主的精神相比较，可说是相去甚远的。

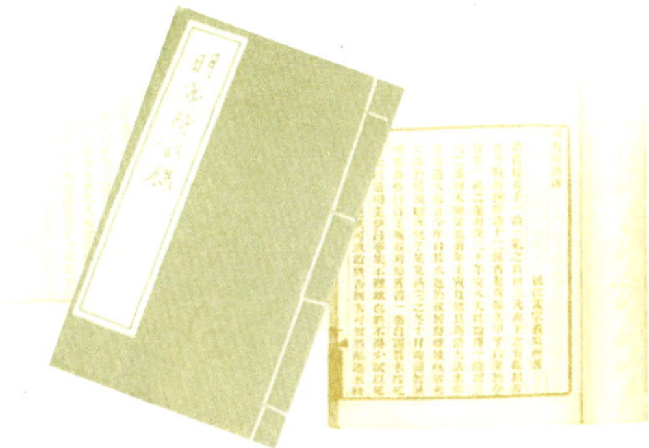

《明夷待访录》书影

回顾黄宗羲的民本思想，虽然和民主还有一段距离，但梁启超、谭嗣同等人在清末宣扬民权、共和的理念时，均曾印刷《明夷待访录》的节钞本数万册，秘密散布；而孙中山先生在推翻君主专制的过程中，也曾经把其中的《原君》、《原臣》两篇印行一万本，分送海外的华商，作为推广民主运动的参考文献。可见，古代的民本思想，对近代民主运动发挥了正面的影响。

七　无为而治的理念及效应

北宋理学家邵雍在《皇极经世》中，把成功的君主分作四等：以智力制胜的是霸，以公正执法的为王，以恩信待民的称帝，以无为治国的成皇。显然，邵雍是以“无为”作为治国的最高境界的。

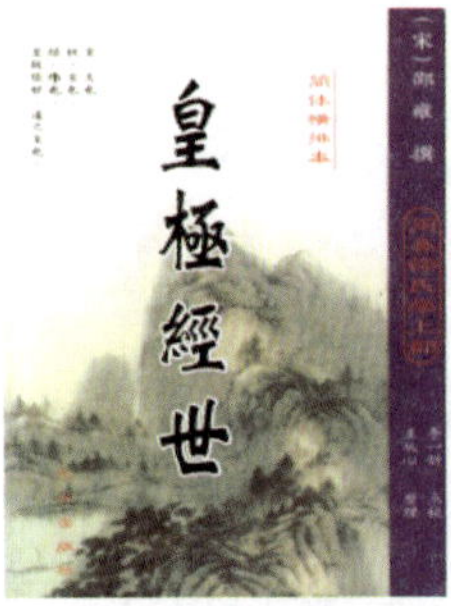

《皇极经世》书影

社会规范扭曲人性

《老子》认为，文明的发展，破坏了自然的规律，损害了人的纯朴本性。人的本性受损，才会出现邪恶。这时候，人们便提倡道德，并制定各种法律，以约束行为。然而，道德和法律的产生和推行，却进一步扭曲和扼杀人的自然本性，使得人们表现出更多虚伪失真的行为。

《庄子》指出：“捐仁义者寡，利仁义者众。”[①]就是强调大多数人都是假借道德的名义来图利的。而这种恶行在统治阶层中表现得尤为猖獗。统治者每每欺世盗名，以博取仁义的称誉；继而假借

①《庄子·徐无鬼》。

仁义之名，行篡权夺国之实。

此外，道家认为繁缛严峻的法令，既让统治者有机会对人民进行盘剥和摧残，又引发人民的逆反心理和反抗行为，更激发他们为了逃避惩罚而做出更多奸诈的行为。这正是《老子》第五十七章所谓的“法令滋彰，盗贼多有”。

我无为而民自化

在这种认识前提下，道家从统治者的角度出发，提出“无为而治”的观念，认为政治的原则是“辅万物之自然而不敢为”②。简单来说，就是要求君主淡化主观的管治意识，顺应客观的自然规律；尊重人民的意愿，尽量避免过多地干涉人民的生活；宽简政令，轻徭薄赋，让人民各安其分，各得其所；于淡然无为、因循而治的管理下，达到自然和谐的理想状态。

战国时期，诸侯争霸，政局动荡。而道家的政治思想，也因应当时的政治环境而有所调整。当时的道家博采众长，吸取了儒、墨、名、法等家的一些观点，使得自己更具兼容性和实用性。③而这种新兴的学术派别，就是汉初所谓的“黄老之学”，“黄”是指黄帝，“老”即老子。

“黄老之学”展现出相对进取的精神。例如它不再笼统地排斥仁义忠信等伦理规范，转而肯定道德规范的社会作用，同时强调道德之实重于道德之名。这样，“黄老无为”的理念，其实是一种“无为而无不为”的治术，与道家强调的“清静无为”思想不尽相同，在现实政治上就表现出更强的操作性了。

看似无为实有为

在古代历史中，“无为而治”的理念，往往在政权初立、民生凋敝的情势下得到参照和落实，取得较好的效果。

②《老子》第六十四章。

③《史记·太史公自序》：“其（道家）为术也，因阴阳之大顺，采儒墨之善，撮名法之要，与时迁移，应物变化，立俗施事，无所不宜，指约而易操，事少而功多。”

汉朝初立，鉴于秦始皇严刑酷法、残暴寡恩、赋敛无度，以至上下离心，走向败亡；同时，面对秦末群雄争霸所带来的百业凋敝、人民穷困等状况，朝野上下都倾向于“无为”的治术，渴望宽简政令，以期休养生息，恢复生产。当时，太中大夫陆贾在《新语》中提出“夫道莫大于无为”，得到汉高祖的认同。其后，政权的继承者如惠帝、吕后、文帝及景帝等，都贯彻了“无为而治”的理念，让人民休养生息，在一定程度上减轻了人民的负担，促进了经济的发展，造就了“文景之治”的盛世。

隋朝末年，民生困苦，地方势力蜂起，战争频仍，以致政权溃败，人口流散，经济衰败。唐太宗为了安抚人民，重建经济，轻徭简政、慎用兵革，实践了“无为而治”的理念，得以成就“贞观盛世”之美名。

唐太宗画像

唐末五代，局势动荡，政权迭变，争斗不息。人民饱受战乱之苦，都渴望安定的生活。而宋太祖赵匡胤在发动陈桥兵变时，就颁令部下不得侵扰后周朝廷。得位后，太祖主要以安抚的手段，对待地方割据势力；又参照“无为而治”的理念，采取靖国安民的统治原则。借此，他迅速地安定了政局，赢得了民心，巩固了政权，为社会经济的发展打下了良好的基础。

邵雍崇尚无为而治，只因这种体恤民情的管治态度，最能体现德治的精神。“故无为者，乃有为者也。”[4]其实，无为而治，如用得其时，往往才是最有作为的。

④西汉·陆贾：《新语·无为》。

八　托古思想的惯性作用

《礼记·曲礼》认为，说话“必则古昔，称先王”，就是要求人们言必有据，最好是要符合古代圣贤的主张。

《礼记》书影

从古到崇古

所谓托古，是指假借古代或古人的名义，来标榜自己的主张，以提高论点的认受性，是一种诉诸权威的传播手法。

春秋战国时代，周天子的统治权威渐趋没落，诸侯间互相征伐，以致礼制败坏，时局动荡。诸子百家在这个乱局下，各自提出救世的主张，企图拨乱反正。面对当时的乱局，儒家的政治家普遍抱着一种慕古的情怀。他们在阐述自己的政治主张时，往往把唐、虞时代及夏、商、周三代的政治上升期，视为理想的政治局面；又把尧、舜、禹、汤、文王、武王和周公等人，看做最值得敬慕的政治人物。

例如，孔子在宣扬德治的时候，每每假借尧、舜之名来立论；而孟子在阐述仁政时，就习惯以“先王”来概括有道的君主。自此，托古思想便成为政治家表达政见的一种普遍形式，并透过长期的积习，而成为古代政治家的惯性思维。唐代的韩愈，在阐述礼乐刑政的发展沿革时，便因袭了前人的托古思想，把尧、舜、禹、汤、文王、武王、周公、孔子和孟子视为儒家礼乐刑政的传承谱系，建构了儒家道统的观念。

古人托古，主要是为了标榜自己的政治主张，但由于托古思想包含了向慕古时和古人的意识，这便不期然地衍生出崇古的心态。《孟子·离娄》认为具备才智的政治人物，都懂得遵循先王之道；而明代的方孝孺甚至主张恢复周代的宗法制和井田制，并认为这些古制的兴废决定了天下的治乱。

反对盲目崇古

针对崇古的社会政治现象，部分政治家提出了相对理性的观点，认为政治应该因时制宜，没有必要贵古贱今。例如法家商鞅的《商君书·更法》指出，汤王、武王取得政权，并非因为他们遵循古制；而夏、商的灭亡，也不是由于改变礼制所导致。而明代的李贽，更主张个性的解放，反对权威的束缚。他在《焚书》中提出，应该以批判性的思维，去评价古代的政治人物和相关典籍，不可盲目信从。

托古改制现象

较为理性的政治家和思想家，虽然对崇古的风气做出了批驳，但由于托古思想已经成为一种表达政见的范式，因此，他们在阐述政治观点时，开口仍然不离“昔者”、“古者”、“先王”、“三代”等等。

即使是推行政治改革，必须破旧立新，政治家仍然摆脱不了托古思想的制约。例如宋神宗的宰相王安石，为了推行政治改革，便采取托古的手段，假托新政中的“保甲法”乃始自三代，而“市易

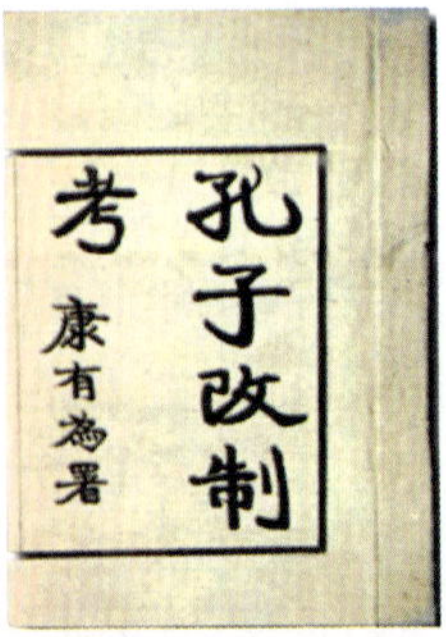

《孔子改制考》书影

法”则是源于周朝。又如清末的康有为，在推行维新变法，主张学习西方的制度时，曾撰《孔子改制考》一书，指出上古夏、商、周三代都是随时代演进而变革制度的，论说孔子也是一位维新派，并托辞民主共和制是孟子的发明，甚至说西方的礼帽是“汉世士大夫之遗”，皮鞋是“楚灵王之制”[①]。

可以理解，值得注意

人们对于熟悉的事物，一般都会视作等闲；而对于距离自己越古越远的东西，反而会因好奇而产生美感，甚至在传述的过程中不自觉地进行了美化。因此，托古思想是可以理解的。

然而，托古思想的泛滥，却造就了大批夸张失实、穿凿附会，甚至是杜撰伪造的古代典籍。这对还原古代史实造成了很大的障碍。同时，托古、崇古的心态让人留恋过去，死守经传，以至轻视创造，怯于尝试，这是很值得注意的。

明清时期的科举考试，采用“三句承题，两句破题，摆尾摇头，便道是圣门高第”[②]的八股文，以“四书”的内容来命题，又规定以朱熹对“四书”的注释来立意，可说是托古风气的末流。不知士子们制作八股，“代圣人立言”时，是否也自觉同时延续了孔孟“称先王”的馀绪呢？

①清·康有为：《戊戌奏稿》。
②清·徐大椿：《刺时文》。

九　禅让与世袭的继承法

《庄子·逍遥游》记载：尧曾经打算把政权禅让给隐士许由。许由表示，每个人都有自己的社会角色和人生追求，自己隐居于箕山之中，逍遥物外，从容闲逸，并不打算越俎代庖，去承担治国的责任，因而婉拒了尧的好意。

尧舜禅让的传说

禅让是指在位的君主把政权转让给家族以外的贤德之人。《尚书》和《史记》都记载了尧让位给舜，以及舜让位给禹的传说。学者们普遍相信，尧是酋邦联盟的领袖，而禅让就是酋邦盟主的一种继承方式。禅让在本质上是一种选举制度，而选举的基础是建立在酋邦领袖们的共识之上的，而并非单单取决于盟主一人的意向。

后来，孔子提到尧、舜、禹时，往往着重于他们的德性和事功，认为他们都是贤君。而孟子则强调，舜继尧，禹承舜，都是符合天命和民意的。在孔、孟对三位君主的颂扬下，禅让的传说就被赋予了举德任贤、应天顺民的正面价值，传为佳话。

然而，权力是重要的社会资源，退位让贤是不容易做到的。就连儒家的荀子都对禅让提出过质疑："天子者，势位至尊，无敌于天下，夫有谁与让矣！"[1]而韩非在《韩非子·说疑》中更断定当时继位的实况是"舜逼尧，禹逼舜"，从本质上否定了禅让的说法。

历代禅让的真相

尧舜禅让固然成疑，后世的所谓禅让更是名不副实的，充其

①《荀子·正论》。

量只不过是篡夺的幌子。例如外戚王莽欺压汉平帝的继嗣孺子婴，夺取政权；权臣曹丕摆布汉献帝而篡夺东汉。而后来的西晋、宋、齐、梁、陈、北魏、北齐、北周、隋、唐、后梁、宋等朝代的政权更替，都是在禅让的名义进行的。

权臣和勋戚假借禅让，除了可以掩饰篡夺的行为外，更可以把继位的理据托于天命、民意，以及自己的才德，从而提高新政权的合法性与合理性。从好的方面来说，这种夺取政权的手法相对低调，可以避免兴师动众，施用干戈，祸及人民。这对于保存国家的元气，维持人民的生计，也有可取之处。

禅让向世袭过渡

事实上，自从禹继位之后，历史上再也没有出现过禅让的佳话了。《史记·夏本纪》记载禹本来打算传位给益，但部落领袖们却不接受益，并转而推举了禹的儿子启为继承人。后来，启又把帝位传给儿子太康。从此以后，帝位的继承都是世袭的方式。

禅让图

所谓世袭，是指限于同一家族成员之间的继承方式。而古代政权的世袭主要有父子相传和兄终弟及两种，其中又以嫡长子继承父位为主要形式。

上古时代，生产力逐渐提高，出现了剩余物资，由此而引发的掠夺战争也很普遍。而男性无论在生产或战争中，都有较突出的表现。于是，父权社会也就逐渐形成了。同时，在原始母系社会瓦解的过程中，物资共享的生活状态也逐渐转变为财产私有制。在这种背景下，产生以父子相传、天下为家的世袭制是必然的结果。

尧、舜之间虽有禅让的传说，但根据文献资料，我们也可以看到当时父子相传的端倪。《孟子·万章》记载：舜虽然继承了尧

大禹塑像

的帝位，但在尧去世后，他要跑到南河之南躲避尧的儿子丹朱。而《史记·五帝本纪》集解引用《括地志》的资料更指出：舜曾经围堵丹朱，不让他和尧相见。可见，舜和丹朱之间是存在着矛盾的。而这种矛盾很可能就是权力斗争所引起的。这种现象，也可以看做禅让制往世袭制过渡的转变痕迹。

清代学者王先谦认为，许由不接受尧的禅让，并非装模作样，沽名钓誉，而是为了明哲保身，远离权力斗争的祸患。这样看来，许由确有先见之明。

十 君臣关系的演化

唐人吴兢的《贞观政要》，记载了唐太宗和魏徵等臣子的治国理念。唐太宗和魏徵具备共治国家的意识，认为君主和臣子应该以人民的利益为依归，臣子要忠于职守，君主要接纳谏言；互相尊重，彼此信任。

《贞观政要》中阐述的君臣关系，可说是古代政治的理想模式。然而，这种理想毕竟和历史实况存在不小的差距。

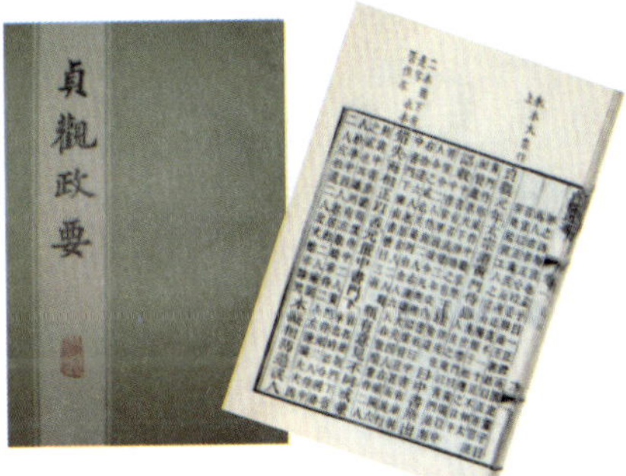

《贞观政要》书影

早期关系——由“相对性”到“独立性”

在周代的封建制度下，君臣关系是相对的。周天子分封诸侯，诸侯再分封卿大夫，而诸侯和卿大夫又以士为僚属。相对周天子来说，诸侯是臣；而相对卿大夫来说，诸侯就是君了。《左传·昭公七年》记载：“王臣公，公臣大夫，大夫臣士。”指的就是这种相对的关系。

根据西周初期的金文资料，周天子可以对诸侯和卿大夫的僚属直接进行委任、命令和赏赐。到了西周中期之后，对僚属的支配权渐渐转移到诸侯和卿大夫手中。这种现象可以说明，诸侯、卿、大夫与自己的僚属之间形成了更紧密的君臣关系。当时要求臣子“事君不二”[①]，要对君主从一而终，不得转投新主；如果君主被杀，臣子必须讨伐逆贼，或者以死相殉，否则便会被视作同谋或不忠。

到了春秋时代，周天子的统治权威逐渐下降，诸侯纷纷建立霸权。各国君主为了扩张势力，便在不同的封国和宗族之间招揽有才能的士，作为自己的僚属。由于士的参政机会增加了，因此他们在政坛上的专业性和流动性也相应地提高了。在这种情况下，君臣的关系也就变得较为独立了。

儒家观念——“以道事君，不可则止”

孔子的君臣观念就是在这种背景下产生的。对于臣子的专业性和独立性，孔子是十分肯定的。他自己本来臣事于鲁定公，但由于不受重视，便辗转出入于宋、卫、陈、蔡等国。正如他所说的：“所谓大臣者，以道事君，不可则止。”[②]表明臣子的去留，取决于君臣的治国理念是否有共识。当君主的施政出现偏差时，臣子应该予以纠正。后来，孟子在孔子的思想基础上进一步提出：“君有过则谏，反复之而不听，则易。”[③]表示臣子在维护道义的前提下，有权纠正君主的过失，甚至可以推翻其政权。后来的荀子强调“从道不从君”[④]，又主张臣子在暴政之下可以抗命、夺权，这都是对孔孟思想的继承和发挥。

走向绝对——“君为臣纲”，尊君抑臣

相反，韩非虽然是荀子的学生，但他却提出了截然不同的主张。韩非认为臣子应该绝对服从君主，所有的言行都要以君主的利益为依归。他又指出尧舜禅让、商汤讨桀、武王伐纣，都是非法的篡弑行为，违反了君臣之义。

秦王嬴政十分认同韩非的主张。他统一天下之后，仍然以法家

①《国语·晋语》。
②《论语·先进》。
③《孟子·万章》。
④《荀子·臣道》。

的政治思想作主导，为自己建立了绝对的君权。他自称始皇，废除谥号，就是为了杜绝臣子议论君主的机会。

秦始皇画像

自秦代以后，绝对的君权成为既定的现实。汉代的儒者就因应这种现实，进一步确立了“君为臣纲”的伦理规范，界定了君臣的主从关系。后来，宋代的儒者把君臣之义归于天理的彰显，明代的学者又将之视为良知的展现，其实都是绝对君权的现实反映。

整体来说，古代君臣关系的发展趋势是君尊臣卑。唐代官员御前议政时尚有坐席，而宋代君主对臣子赐坐就变成一种特殊的恩宠了。到了明代，臣子必须跪对，而遭受君主的呵责、廷杖，更是屡见不鲜。至于清代的官员，即使是平素朝会或晋见，都要对君主三跪九叩，自称奴才了。

事实上，唐太宗虽曾侃侃而谈为君之道，却也曾发表过百姓“劳役则易使”[⑤]的言论，视人民为工具；对于魏徵、房玄龄等臣子的谏言，往往会做出“少管闲事”、“谁敢复言”[⑥]等驳斥。毕竟，在君主专制的政体下，君权始终是至高无上的。

⑤唐·魏徵：《十渐不克终疏》。
⑥北宋·司马光：《资治通鉴》。

十一　相权的削弱

“先天下之忧而忧，后天下之乐而乐”，是宋代名臣范仲淹（官至参知政事，即副宰相）在《岳阳楼记》一文中的名言。这不但反映了范仲淹爱国爱民的情怀，也使他成为古代相辅的典范。

范仲淹画像

掌丞天子，助理万机

中央集权的政府需要一个庞大的官僚机构来进行操作，而推动和管理这个机构不能单靠君主一人的力量。因此，君主需要选拔最干练、最优秀的人才来担任政府的总管。而这个“掌丞天子，助理万机”的角色就是宰相。

根据唐代史家杜佑的《通典·职官·三公总叙》所载，周代设有少师、少傅、少保三公，三公以师道辅佐天子。秦始皇统一天下，设置丞相一职，以总领百官，参与军国大政。西汉初年，丞相地位仍然十分显贵。君主发布的诏令，都有丞相的副署。在日常的交往中，君主也以相对平等的礼仪对待丞相。丞相犯错，君主即使施罚，也会顾全其体面。

然而，宰相身处一人之下，万人之上，既是君主家天下的总管，又是朝廷官员们的领袖，难免会对独尊的皇权构成一定的压力。因此，随着君主专制政体的巩固及发展，君主权力就不断膨胀，而宰相权力也就逐渐受到分割、制约，以至削夺，最后就连名义上的职衔都从历史上消失了。

相权分散，互相牵制

西汉中叶，宰相制度开始发生重大的变化。元朔中，武帝任用公孙弘为丞相。公孙弘以平民布衣的身份走入仕途，擢升丞相，打破了汉初以功臣勋戚封侯拜相的惯例。然而，宰相的平民身份，却扩大了君相之间的差距和隔阂。

汉武帝晚年，拣选亲信大臣侍从左右，特授予大将军、太傅等职衔，与掌管文书奏章的少府属官尚书等，组成宫中决策机构，称为“内朝”。原来以宰相为首的政务机构则称“外朝”。在这种情况下，宰相身在外朝，难以参与决策，权力就逐渐被削弱了。及至东汉，光武帝为了强化皇权，进一步提高内朝尚书的权力，所谓“政不任下，虽置三公，事归台阁。自此以来，三公之职，备员而已”①。

曹魏时，君主开始任命内臣中书起草诏令。从此，相权中最重要的造命决策权就归于中书了。而尚书也逐渐脱离少府，发展为中央最高的行政机构。这时候，另一个内侍组织“门下”，也开始参与掌管规谏违失、发布诏令。这样，宰相的权力，实际上已为尚书、中书、门下三个独立机构所分担了。

唐代正式确立尚书、中书、门下三省制，分理宰相职务。三省长官共议朝政，组成一个宰相群体。三省各有所司，职掌分明，可以互相制衡，防止宰相弄权。此外，君主也往往直接指派其他官员，赋予“同平章事”的职衔，参与宰相的工作。这样，宰相群体既可以随意扩大，宰相权力也就更形分散了。

宋代在唐制的基础上，把相权明确分为三部分：以中书门下省

①《后汉书·仲长统传》。

掌理政务；另设枢密院，专掌军政；又设三司使，专理财政。这些措施进一步把财务及军事权力从相权中分离开来。

废除相制，提升君权

元代文化相对落后，元朝的统治者认为三省制束缚皇权，壅塞政务，实行一省制，以中书省独掌相权。

明太祖朱元璋标榜恢复汉官威仪，实际上却承袭元制。他在洪武十三年罢免中书省，正式废除丞相一职，亲自统率吏、户、礼、兵、刑、工六部的行政事务，并设置殿阁大学士，充当顾问。明成祖时，选拔翰林学士常侍于文渊阁，参与机务，从此正式成立内阁。明仁宗以后，大学士专任“票拟”[②]，班次在六部之上，其中一人为首辅，责同宰相。不过，内阁的组织，不如历代的宰相机构；首辅的职权，亦不如汉、唐的宰相。这是明代宰相制度的一大变化，亦为相权削弱、君权进一步集中的重要表征。

清代的军机处

清代在明代内阁制的基础上，增设军机处。寻常吏事，仍由内阁票拟；重要政务，则由军机大臣奉旨办理，遵旨而行，而无决策之权。这样，君主居中下令，毫无阻挠，可谓大权独揽，乾纲独断。

对于范仲淹的衷曲，乾隆皇帝的反应是：“居然以天下之治乱为己任，而目无其君，此尤大不可也。”[③]可想而知，历代君主不断削弱相权，正是因为相权对皇权存在着一定的威胁。

② 票拟：即代皇帝起草奏章的批示，写在小票上，呈交皇帝批决。

③《清高宗实录·书程颐论经筵札子后》。

十二　宦官的窃权擅政

《史记·李斯列传》记载，秦始皇时，宦官赵高受到重用。秦始皇死于出巡途中，赵高伙同公子胡亥与丞相李斯，假传遗诏，逼死始皇长子扶苏及大将蒙恬，立胡亥为二世皇帝。不久，赵高又设计诛除丞相李斯，位登中丞相。赵高大权在握，在朝廷上公然指鹿为马，愚弄秦二世，后来更逼他自杀了。

干预朝政

为了保障王室世系的纯正血统，王宫内一切需由男子承担的劳役、职事，都由宦官担任。根据《周礼·天官》的记载，西周时期已有宦官制度。当时的宦官主要负责维持后宫的秩序，纠禁内廷，还要承担宫内的饮食起居、祭祀享宴等事务，地位十分低微。

秦汉时期，宦官逐步参与朝政。当时的宦官既掌理宫中事务，又辅助君主处理朝政，名义上是少府部门的属官，实际上是直接受命于君主。东汉后期，外戚与宦官相争，交替专权；而宦官往往占上风，职权进一步扩张。其中以中常侍的权力最为突出。他们执掌中枢机要，从而得以操控朝臣，左右君主，甚至擅行废立。

隋唐时期，宦官的权力越见扩张。唐代宦官之受重用，始于唐玄宗宠信高力士。及安史乱起，宦官李辅国参与拥立肃宗有功，肃宗用他做判元帅府行军司马，署理军政要务。肃宗回驾长安后，让李辅国专掌禁军。代宗时，又设置两员枢密使，掌典机要文书，例由宦官充任；而从德宗之朝起，由两个宦官掌典禁军亦成为定制。两名禁军中尉与两员枢密使，时称“四贵”，在内廷掌握军政大权，挟制外朝，甚至操纵皇帝的废立。

到了明代，宦官的权力发展到了极致。当时有所谓“司礼监”，是宦官的首脑部门，直接受命于君主。司礼监太监根据君主的旨意，批答大小官员的奏章，传谕圣旨，在一定程度上成为君主的代笔和代言。于是，宦官便得以假借君权，操纵朝政。事实上，明代中后期擅政的宦官如英宗时之王振、武宗时之刘瑾、熹宗时之魏忠贤，都是司礼监太监。

王振画像

魏忠贤画像

窃取君权

宦官擅政，历代层出不穷，他们“窃官爵，盗财贿”[①]。而宦官擅政的问题，似乎总是屡禁不绝，甚至是束手无策。然而，事实上，宦官擅政是君主专制的产物，是君权太重造成的。

在君主政体下，君主力图集权于一身。奈何朝政繁重，君主便不得不向朝臣分权，以分担政务。而君主由于忌惮朝臣侵权，便只好转而投向与自己关系相对密切的宦官。宦官深处宫中，终日伴随君主，侍奉君主的饮食起居，了解君主的好恶；而宦官又往往是君主成长过程的陪伴者，如明代君主便常称宦官为“伴伴”或“伴当”，双方接触频密，感情也比较融洽。宦官乘此之便，得以揣度君主的心思，察言观色，投其所好，从而博取君主的信任，窃取君主的权力。

同时，大多数的宦官，出身都十分卑微，社会关系又比较简单，容易为君主所控制。反观外廷的朝臣，每多勋戚权贵，政治关

①《魏书·阉官传序》。

系盘根错节，对君权构成较大的威胁。因此，君主通常对外廷朝臣严加防范，而对内廷宦官则宠信有加。

此外，由于君权尊贵，以致具有一定实力的宗室藩王、外戚大臣、地方镇将都时刻觊觎皇位。君主为了维护和巩固自己的宝座，便要借助心腹宦官以翦除异己。因此，君主每每让宦官掌握特定的司法部门或特务机构，直接受命于君主，以打击对手。

汉初，功臣樊哙曾借赵高的例子以警示汉高祖刘邦，劝他不要纵容宦官。刘邦深以为戒。及至明初，明太祖朱元璋虽曾规定宦官不准识字，明令内臣预政者斩；但由于开国时翦除了大量功臣，又废除了宰相制度，以致孤掌难鸣，因此不得不扩大宦官机构，增加员额，利用宦官为皇帝办事。开国功臣曹国公李文忠曾劝说：“内臣太多，宜少裁省。”明太祖即怒道：“若欲弱吾羽翼，何意？”这里，可以看出君主对任用宦官的矛盾态度。

汉高祖刘邦画像

十三　中央集权的不断强化

秦始皇统一天下后，分封诸侯；廷尉李斯反对分封，建议实行郡县制，得到秦始皇的认同。从此，“百代皆行秦政法”。而中央集权的管治方式，也就成为古代政治的主流。

废封建，行郡县

中央集权是相对地方分权而言的。

周朝实行封建制度。春秋战国时代，周王室衰落，诸侯国互相吞并，封建制度也趋于崩溃。后来，秦始皇统一天下，确立了君主专制的大一统局面。在后来的两千年间，君主专制的政体仍不断进行自我探索和完善。而中央集权与地方分权的问题，就成为政体自我探索和完善的重要命题。

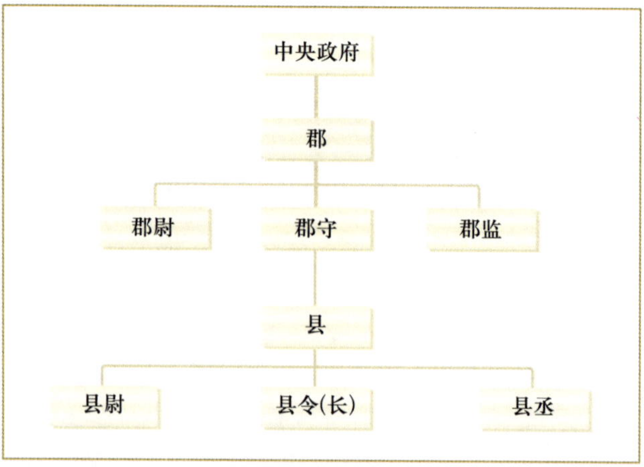

秦代郡县制示意图

秦始皇为了避免诸侯兼并的乱局再起，便采纳李斯的建议，废除分封制，将天下分为三十六郡（后续增至四十郡），郡下设县。地方基层组织则为乡、亭。这样，政治权力由中央辐射到全国各地，形成一套严密的行政网络。郡、县直辖于中央，长官由皇帝任免，取代了诸侯及卿大夫的爵禄权位世代相袭的制度。

地方势力构成障碍

汉承秦制，但彻底废除封建与局部恢复封建之间，一度反复。汉高祖刘邦鉴于秦皇室孤立而亡，而分封同姓宗室为王，实行郡国并行制度，却酿成“吴楚七国之乱”。可见，封建制度削弱君主的管治权力，不利国家的统一。

两汉时期，就地方郡县制的施行来看，中央对地方政府的控制还是比较宽松的。王夫之的《读通鉴论》指出，汉代的太守对地方的民政、财政、军事、司法、选举、教育，无所不统，又可以自行设置掾属，权力相当大。东汉末，职司监察的刺史改为州牧，总理一州事务，掌握军政大权。后来州牧与门阀势力结合，最终导致州

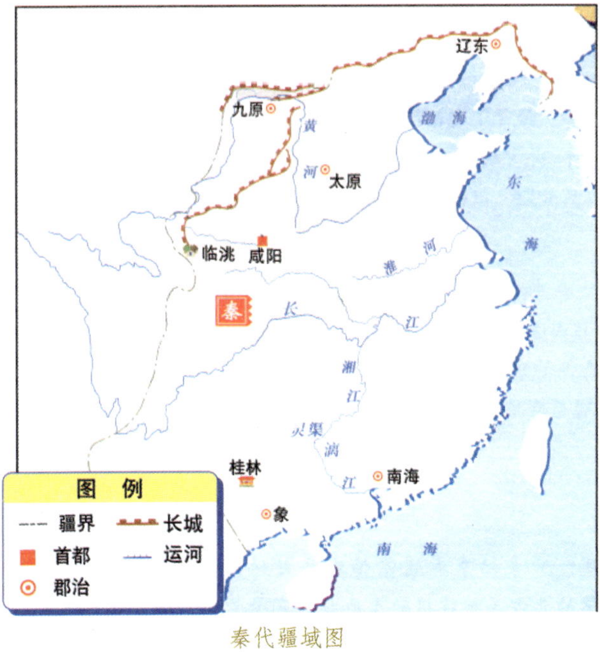

秦代疆域图

牧割据的局面。可见，当时的地方政府虽然隶属中央，但地方政权仍具有很高的独立性。可以说，当时的中央集权制处于发展阶段。

及至隋初，朝廷颁布命令，所有地方官吏都要由中央吏部统一考核任免，进一步强化了中央集权。然而，当时地方上私辟掾属的风气仍然存在，而且一直延续到唐代。中唐以后长期的藩镇割据与这种风气不无关系，形成了中央集权制的发展的障碍。

中央加强控制地方

宋朝为了彻底改变从中晚唐迄于五代的藩镇割据局面，实行“强干弱枝”政策，着意收紧地方的军政大权。朝廷派遣在京的文官，以“权知”，即暂领的名义出任地方州县长官，任期三年，使其不能久居其位，改变了军人掌管地方政府的局面。同时又禁止地方节度使自派镇将，剥夺他们的施政实权，只留虚衔，且在京师建立强大的中央禁军，地方上则只留羸弱厢军，更把大部分的地方税款收归中央，地方只留下基本的经费。这时候，中央集权制可说是发展成熟了。

元朝统治者以少数民族入主中原，为了加强地方的管治，实行行省制度。行省既是地方最高行政机构，又是中央的派出机构；行省虽有较大权力，但权大而不专，主要是为中央收权。鉴于元末地方群雄蜂起，明朝便把行省长官的军、政、刑三权分立；遇地方上的突发事件，便临时差遣巡抚、总督一类特派大员，予以协调。清朝的巡抚、总督成为行省的最高行政、军事长官，但两者互相牵制，难以专擅自为。总括而言，元、明、清三代的地方权力，虽不断有所调整，但中央对地方的控制已经完备，而且愈收愈紧。

明清之际的学者黄宗羲在《明夷待访录·原法》中重新提倡封建制度。但他的原意并不在于复古，而是有意从国家的整体利益出发，批判君主专制政体下的独裁现象，进而提出地方分权的理想。这些观点，在当时来说是难能可贵的。

十四　君主政权的自我监督

《新唐书》记载，唐太宗曾表示："以铜为镜，可以正衣冠；以古为镜，可以知兴替；以人为镜，可以明得失。"以直言敢谏著称的大臣魏徵去世后，太宗就惋惜自己失去了其中一个明鉴。

史官制度

在君主政体下，君权独大，施政难免会出现失衡的现象。因此，政体本身就需要设置一些自我监督的机制，以纠正君主施政的失误。这些监督机制主要包括史官制度、封驳制度和谏官制度。

有关史官的制度早有记载。《周礼》记载古时有左、右史，分别记录君主的言论和行为。《孟子·离娄》也指出，《尚书》是记言的历史，《春秋》则是记事的历史。后来，秦代有太史令，汉代沿袭之。从司马迁撰《史记》起，到唐代之前，史家修史虽然每多身领官职，但基本上都是以个人名义成书。及至唐初，正式成立史馆。唐太宗命宰相房玄龄监修前朝国史，表明"奉敕撰"。自唐以后，

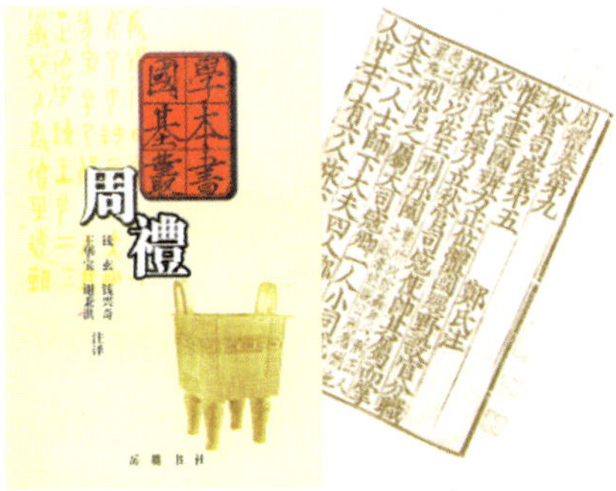

《周礼》书影

官修前朝历史，总结政治经验，就成了历代王朝的惯例。

史官制度要求秉持实录的精神，对君主的言行，直书无讳，褒贬公正。这一方面可以让君主以史为鉴，弃恶从善；另一方面可使君主对舆论有所顾忌，不至胡作妄为。

封驳制度

封驳制度的实行，是为了确保政令有一定的审议机制，在推行前尽量避免失误。据明代顾炎武《日知录·封驳》所载，自汉代起，宰相反对君主的诏令，并且予以封还的事例，屡见不鲜。及至唐代，正式实行封驳制度。君主的诏令，须由中书省草拟，继而发送门下省。要是门下省认为诏令有问题，则有权予以修正，甚至原封退还。到了宋代，宰相机构中书门下省（亦称中书堂），仍有封驳诏令的权力。

封驳制度的实行，既可避免政令的失误和疏漏，又可及时谏阻君主的失当行为，也能够防止权相的专擅，是一种理想的监督机制。

谏官制度

在儒家的政治理想中，善于纳谏的君主可以博采众议，匡正己失，从而得以循道施政。《史记·周本纪》记载，上自公卿士众，下至百工庶人，都可以议论朝政，就是体现了这种政治理想。据《国语》、《战国策》所载，春秋战国时代，列国都有谏官的设置。秦始皇统一天下，实行君主专制。他设置谏议大夫一职，而禁止国人议政。从此，谏议变为专职，言路也随之收窄。及至唐代，谏官制度发展完备。当时有左、右谏议大夫，又有拾遗、补阙等官职，都是掌管谏议的工作。到了宋代，正式设置谏院，又容许御史大夫参与谏议工作，谏官制度得到进一步充实。不过，宋代谏官的监督对象已开始由皇帝转向百官，尤以宰相为主要对象。

唐宋时期，无论谏官制度、封驳制度抑或史官制度，都达到比较完备的规模。这反映了君主专制政体的发展，已达到成熟的阶段，具备自我监督的能力。然而，从宋代开始，以至元、明、清各朝，中央集权走向君主集权、君主极权，君权过度膨胀，政体逐渐失衡，自我监督机制也随之崩溃。

魏徵画像

元朝实行一省制，只保留中书省的行政权，完全撤销了审核、封驳的权力；又废除谏官制度，并以御史代谏官之职作为粉饰。明代以六科给事中兼领规谏，监督的对象已不是君主，而是六科行政部门本身。虽然，六科给事中也有封驳的职能，但他们官位低微，只有正七品，故此，他们的封驳工作只是形同庶务执漏一般。清朝也有给事中。但后来君主的诏令，往往以密本的形式，直接由军机处发给各个行政部门及地方督抚；给事中根本无法参与，以至封驳制度纯属空谈。而清朝在仅余的谏议空间里，又大兴文字狱，以致言路更为狭窄了。

唐太宗虚心纳谏，只是个别的例子。事实上，大多数的君主，都是唯我独尊的。《资治通鉴》记载，唐后期的宪宗皇帝，喜好宴乐。谏议大夫郑覃规劝他不要宴乐过度。宪宗对此甚表惊讶，反问左右："此辈何人？"可见，监督机制的成效并不取决于制度本身，而在于君主个人的素质。

十五　重农抑商的政治含义

《明史·高皇后传》记载了以下一个故事：明太祖时，南京有个商人沈万三，富可敌国。他主动提出资助南京城三分之一的兴建成本，又要求出钱犒劳军队。朱元璋知道后大怒，指斥："匹夫犒天子军，乱民也，宜诛。"后来经过皇后的规劝，朱元璋才消除杀念，把沈万三流放到云南充军。

政策渊源

战国以前的思想家并没有表现出明显的抑商意识，就连提倡"重义轻利"的孔子也曾说："赐不受命，而货殖焉，亿则屡中。"[①]指弟子子贡虽然在道德的学习上不太理想，但仍十分肯定他在商业经营上的表现。

及至战国时代，各国为了提升竞争实力，都着意加强农业和军事的发展，并相应地限制了商业活动。当时，魏国的李悝（kuī）提倡"尽地力（农业）之教"[②]，秦国的商鞅主张"事本（农业）禁末（商业）"[③]，荀子认为"工商众则国贫"[④]，韩非则更主张"使其商工游食之民少而名卑"[⑤]。

李悝雕像

① 《论语·先进》。
② 《汉书·食货志》。
③ 《商君书·壹言》。
④ 《荀子·富国》。
⑤ 《韩非子·五蠹》。

自秦一统天下以降，君主专制的政治模式不断强化，而“重农抑商”的管治理念正好有利于这种政治生态，因而成为历代王朝所奉行的基本政策。

资源控制

首先，政策有助朝廷控制社会资源。衣食是人民生存的基本条件。假如人民吃不饱，穿不暖，基本生活受到威胁的话，就很容易铤而走险，破坏社会秩序。因此，朝廷鼓励耕织，可以保障社会资源的生产，满足人民基本的生活需求，从而保持社会的稳定。

除了粮食和原料之外，金钱也是重要的社会资源。商业活动加速金钱的流通，并导致大量资金掌握在商人的手里。朝廷重农抑商，可以减少商人积聚财富的机会，并能透过土地赋税的征收稳定国家的财政。

人口控制

此外，由于古代的农业生产技术不发达，生产力不高，因此需要投入高度密集的人力资源。而朝廷为了维持稳定的农产量和税收，就透过屯田制、均田制和各种户籍制度把农业人口固定在土地上。其实，朝廷控制农业人口，可谓一石二鸟。这一措施除了可以保障农产量和税收之外，还可以维持社会的安定。朝廷把人口控制在某个地区，透过地方上的监察机制进行内部监控，以维持社会的秩序。要是人口随处迁徙流动，就会很容易由于背景的差异和身份的隐藏而导致犯罪问题了。

思想控制

“重农抑商”的政策除了旨在控制资源和人口外，还有控制社会思想观念的作用。《论语·季氏》指出：“有国有家者，不患寡而患不均，不患贫而患不安。”说明君主专制下的理想社会，是让人民可以在均平而和谐的气氛下安分守己，接受简朴的生活状况。而对于贵贱尊卑的社会现实，就有礼教条文来加以肯定：“虽有贤才美体，无其爵不敢服其服；虽有富家多货，无其禄不敢用其财。”[6]清楚地界定了不同的社会阶层都要符合相应的生活水平和规范，不能僭越礼制。

然而，商业活动的本质就是因应市场的供求状况，力求以最低的成本赚取最高的利润。当中需要灵活机巧的应变能力，以及积极进取的竞争态度。这正好和统治者期望人民朴实安分的理想背道而驰。同时，商人积聚财富，以至“千金之家比一都之君，巨万者乃与王者同乐”。[7]如此一来，富商不但在生活水平上破坏了尊卑贵贱的社会规范，而且在财力和势力上威胁到君主的统治权威。上述故事中的沈万三僭制犒军筑城，怎能不招致朱元璋的忌恨和打压呢！

有趣的是，沈万三作为被打压的富商形象，在正史里本来只有聊聊数语的记载，但在文人的野史、笔记，甚至是民间的传说中却受到普遍的认同和肯定。在山东的某些地区，他被绘画成财神的形象，张贴在各家的门前；江苏周庄等地也以“万三蹄子”、“万三饼”招徕游客；而云南丽江等地还有不少沈姓的人士，仍然坚持认为自己的先祖是从南京充军而来的。

朱元璋画像

毕竟，对于商业活动的价值，人心自有所向。

⑥ 汉·董仲舒：《春秋繁露·服制》。
⑦《史记·货殖列传》。

十六　重刑法轻民法的现象

明清的法律规定，债务人如果没有依照契约偿还债务，官府便会把债务人抓来打一顿，再定还款期限，如有逾期，再行责打。古代有关财务等民事纠纷，为什么会采取刑罚的手段来处理呢？

刑法与战争相提并论

民法是对财产、契约、债权、继承、家庭、婚姻等人身关系和财产关系的裁决程序。而刑法则是对侵害个人、社会以至国家利益的行为而订立的惩罚法则。

古代的法律偏重刑法，实际上和法律的起源有着密切的关系。

古人有所谓“兵刑同一”的说法，认为刑法和战争是同一回事。例如《国语·晋语》说：“夫战，刑也。”把刑法和战争、征伐等同起来。同时，商周时代以至秦汉的军事官员都有司法的职能。例如西周及春秋时代的司寇，以至秦汉的廷尉等官衔都同时承担有司法和军事的职责。在这种背景下，古代的法律观念亦不免受

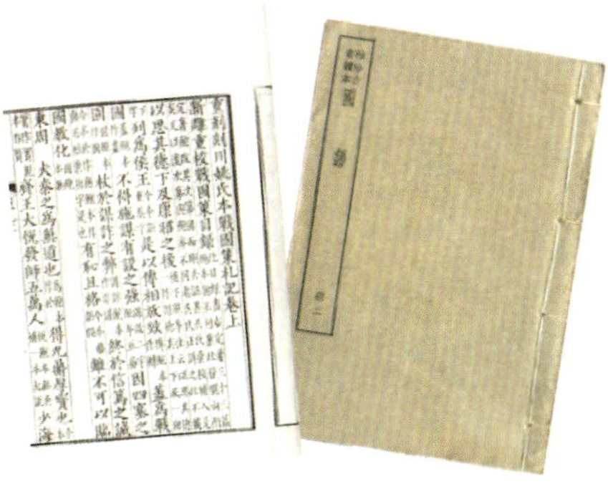

《国语》书影

到相关的影响。例如《史记》中专谈法律的《律书》，便把天下的战争与国家的刑法相提并论。于是，古代便逐渐形成了以刑罚为主导的法律观念。

礼制阻碍民法发展

礼制的观念也阻碍着民法的发展。

从周代延续下来的宗法制度，界定了尊卑长幼的社会秩序，并透过礼来规范人们的具体行为。在宗法社会里，人们所有的行为都要以家庭的利益为本位，以尊长的意志为依归。在这种礼制观念下，个人的意志和权利根本不受重视，以至牵涉人身和财产等方面的问题，都要依循礼制的规范去处理。于是，为了维持宗族的凝聚力，族人买卖房屋田产时，同族人享有优先权；为了维护尊长的支配权，子孙不得擅用家财；为了保障地主的权益，佃农甚至要跟随土地而易主。这样看来，礼制已经成为一种民事上的习惯法，而专门的民事法典也就失去了发展的空间。

法家重视刑罚

重刑法轻民法的法律传统，也和儒法两家的政治主张有关。

春秋战国时期，诸子百家虽有不同的学说，但目标都是为了重建社会政治秩序。而当时的法家学说强调以严刑峻法确立君主的管治威信。法家明确指出："禁奸止过，莫若重刑。"[①]又"法者，宪令著于官府，刑罚必于民心。"[②]这种法律观点及其相关的法例，有利于君主对臣民的管治。因此，历代的君主基本上都倾向以严刑峻法管治臣民。于是，从李悝的《法经》、商鞅的《秦律》，以至后来的《汉律》、《唐律》、《大明律》、《大清律》等，大体上都是刑法典。在这种情况下，即使是民事上的问题，也往往用刑法来处理。

《大明律》书影

①《商君书·赏刑》。
②《韩非子·定法》。

儒家追求和谐

另一方面，儒家主张“中庸之道”、“和为贵”，又强调“不患寡而患不均”[③]。这些政治主张的目标都是指向一个平和均衡的社会秩序。首先，均平的政治取向进一步强化了重农抑商的政策[④]。商品经济的发展既然受到限制，和商业活动有关的财产、债权、契约等事务自然就不被重视了。其次，既然要追求平和的社会秩序，当然也不会鼓励民事的诉讼。而孔子也曾明确地说：“必也使无讼乎！”[⑤]还有，儒家对于均平秩序的理想，是以简朴平凡的生活为基准的。人民掌握的资源越少，君主的统治就越容易开展。而社会上拥有既得利益和强势地位的人，如大财主、大地主和债权人等，在某程度上对君主专制构成了潜在的威胁，朝廷当然也不会积极地透过立法的途径去保障他们的权益。事实上，债务人即使是欠债不还，屡遭责打，债权人还是得不到任何法定的保障和支援，而债务的处理还得靠债权人和债务人双方另行协商。

今天，以武力威吓手段讨债的行为，不知是否为古代民事习惯的残存？

③《论语·季氏》。
④ 参见本专题的《重农抑商的政治含义》，页58–60。
⑤《论语·颜渊》。

十七　礼教与法律的冲突

《后汉书·列女传》记载：东汉灵帝时，有个女子叫赵娥，她父亲被同乡所杀。赵娥矢志复仇。十多年后，赵娥终于找到了机会，得以手刃仇人。赵娥复仇后，投案自首。负责此案的长官十分赞赏赵娥的孝义，表示不惜解印丢官，也要协助赵娥逃亡。但赵娥坚持要承担罪责，以遵法纪。最后，赵娥得到朝廷的特赦，准予免罪。

赵娥杀人，而无须承担法律责任，正是法律和礼教互相冲突的典型例子。

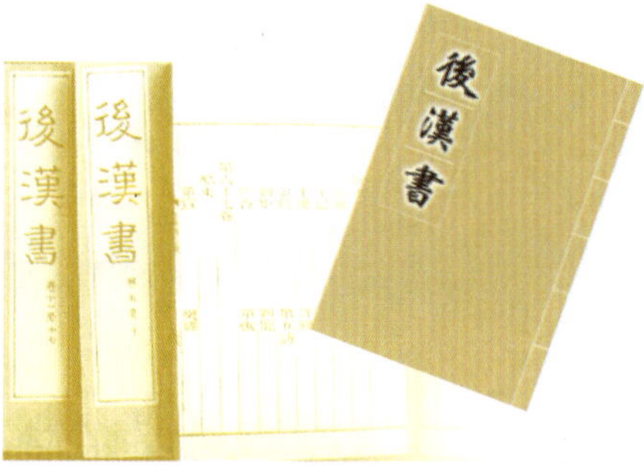

《后汉书》书影

亲亲相隐

在古代，礼教是根据尊卑长幼的等级秩序而订立的行为准则，而法律是臣民共同遵守的社会规范。当礼和法融合之后，礼教中包含的等级观念，就很自然和法律的平等本质形成了明显的矛盾。同时，由于礼教是以孝道观念为核心的，所以涉及亲子关系的司法现象就更容易展现出这种矛盾。

《论语·子路》记载：直躬的父亲偷羊，直躬挺身指证他的父亲。孔子对直躬的行为有另一解释，认为父子之间“亲亲相隐”，也是孝道的一种表现。这种“亲亲相隐”的范围，也推广到直系以外的同居家属。有西方学人认为，传统中国的法治观念之所以未能建立，和这种“亲亲相隐”的扩展有一定的关系。此说不无道理。

维护父权

礼教既然以孝道为核心，当然尤其重视父权的维护。在尊卑长幼有序的等级观念下，子女相对父母来说具有从属的性质，而父母对子女就有绝对的支配权。遇上子女忤逆，父母予以责骂、殴打，甚至伤其性命，都不会受到礼教的约束。然而，对于古代的政权来说，法律是朝廷统治权威的载体。假如朝廷完全接受父母对子女所执行的私刑，就会相对地削弱了自己的裁判权和惩治权。因此，从北魏到明清各朝代，法律对这问题都比较关注。

《北魏律》明令禁止祖父母、父母私刑而导致子孙伤亡。但到元明清时期，对父权的约束又比较放宽。要是子孙因殴打双亲而被父母所杀，父母可以免罪；如果父母不合情理地杀死子辈，所受的惩罚也会很轻微，如清代仅仅罚银十五两。另外，法律对父权的维护还表现在惩治权的授受方面。父母可以请求官府处罚子辈，而官府一般都会答应父母的请求。其实，这种做法既能维护父权的礼教观念，又能显示朝廷的司法权威，是礼法并存的一种方式。

枉法原情

从维护父权的角度出发，礼教也很强调子报父仇的道义。《礼记·曲礼》记载子夏向孔子询问对复仇的看法，孔子表示父母之仇，是“不共戴天”的。而汉朝董仲舒的《春秋繁露·王道》更指出：“子不复仇，非子也。”可见礼教对亲父子间的复仇行为是给予肯定的。

另一方面，古代的法律为了确立君主的统治权威，都会把生死定夺之权收归朝廷。因此，从东汉开始，除了元代，都明令禁止复仇。而《元律》则规定，儿子打死杀父之仇人，不但不用抵罪，而且仇家反而要缴付殓葬费五十两。及至明清时期，相关的法律稍有修订：父母、祖父母被杀，子孙在愤恨之馀，当下把凶手杀死，可以免罪；但事后才伺机复仇的，便要承受杖刑六十。虽然古代的法律大都禁止复仇，但不少执法者在面对复仇之义时，往往都枉法原情。

《元律》书影

根据《后汉书·列女传》的记载，赵娥获得朝廷的赦免后，又受到州县长官的表扬，就连朝中的太常也以束帛赠之。可见，古代礼教的规范作用往往凌驾于法律之上。

十八　礼教和法律的融合

《大清律例》规定，为子孙者，在祖父母、父母健在的情况下自立户籍，分配家产，会被杖责一百。这种罪行属于忤逆尊长，违反了礼教纲常的规范。因违反礼教而遭受刑罚，正是礼法融合的表征。

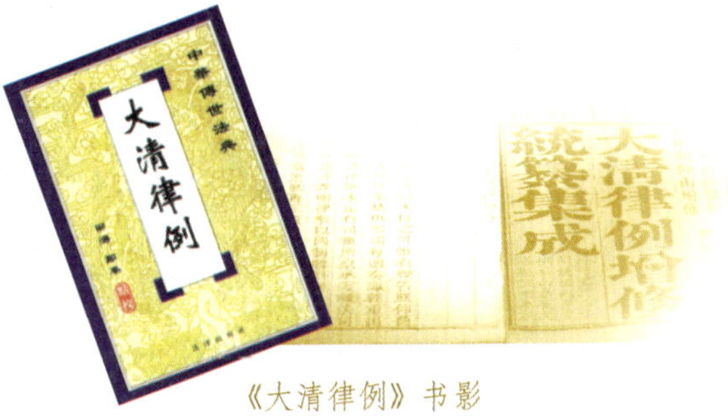

《大清律例》书影

先秦对礼制的传承

西周初年，周公制定“周礼”，把周人行之既久的风俗习惯确定为制度，并运用到周王朝的统治层面上，成为周朝的社会规范。周礼以宗法制度为基础。而宗法制度的基本原则是“亲亲”、“尊尊”。“亲亲”的具体要求是父慈、子孝、兄友、弟恭；“尊尊”则要求小宗服从大宗，臣下服从君主。总括来说，礼就是根据尊卑长幼的伦理秩序来界定的社会规范。

孔子曾经说过：“周礼尽在鲁矣。吾乃今知周公之德，与周之所以王也！”①表达了对周公制礼的认同，以及对周礼的向往。又说：“吾从周！”②表示要以复兴周礼为己任。而礼亦理所当然地成

①《左传·昭公二年》。
②《论语·八佾》。

为儒家学说的核心内容。

司马迁在《史记》里把儒家学说的要旨概括为："序君臣之礼，列夫妇长幼之别。"可见儒家的礼也是以尊卑长幼的伦理秩序为原则的。由于礼强调忠君的观念，切合了君主专制的统治模式，有利于古代社会的平稳发展，因而也就逐渐成了古代王朝的统治工具。

春秋战国时期，不少政治家如子产、晏婴、孔子、孟子、荀子等都表彰过礼的政治功能。而战国时代的秦孝公，却任用法家商鞅，摒弃礼制，专用刑法。不过，虽然商鞅强调"不殊贵贱""一断于法"，但他面对太子犯法时，也只能因应现实的政治压力而扭曲法律，转而处罚太子的师傅。而后来的秦朝再以法家的观念管治天下，专任刑法，结果是经历两世而亡国。可见儒家的礼法观念对当时的社会确有适切的现实意义。

儒家以礼入法

西汉时候，贾谊、董仲舒、刘向等多番向君主提倡以礼治国的理念，并逐渐形成了一股舆论的主流。汉武帝采纳董仲舒的建议，设置了《诗》、《书》、《礼》、《易》、《春秋》五经博士。于是，儒家的五经便在政治上取得了法定地位。而研究五经的儒者也得以走入仕途，参与法律的制定、解释和实施，以至儒家的礼制得以系统地转化为法律。魏晋南北朝时期，礼制的法律化仍然持续进行。如《魏律》中的"八议制"就反映了尊卑贵贱的思想，《晋律》中的"五服制"就体现了孝道的观念，《北齐律》中的"重罪

《唐律》书影

十条”就展示了三纲五常的规范。

隋唐时期，是古代礼法融合的完成阶段。《唐律》标榜的立法原则是“一准乎礼”，就是表明以儒家的礼制作为立法的基础。同时，《唐律》的《名例篇》又清楚地指出，立法的精神是以道德礼仪作为司法的目的，刑罚只是手段而已。这时候，古代的礼制算是完整地融入了法律系统了。而后来的宋、元、明、清各朝的法律都以《唐律》为蓝本。

1902年，清廷正式任命刑部侍郎沈家本为修律馆总纂，以修订《大清律例》。沈家本在《修正刑律草案》中提出：量刑定罪，不分尊卑；故杀子孙，不予减刑；妻妾殴夫，不另加罪。由于这些主张与传统礼教背道而驰，以致受到张之洞等人士的攻击。虽然沈家本在压力之下被迫辞去修律的官职，但他草拟的《大清新刑律》打破了礼法纠缠的传统，为中国法律的发展开辟了正确的途径。后来担任中华民国临时大总统的袁世凯，特意为沈家本墓题词曰：“法学匡时为国重，高名垂后以书传。”所言中肯，并无夸饰。

十九　首都的确立与转移

传说明成祖请大臣刘伯温负责为都城选址，刘伯温叫大将军徐达举弓往北射一箭，以箭着地处定都。一箭射去，落在北京南边二十多里外的南苑。南苑的八家小财主得知“引箭定都”之事后，都担心建城会占用他们的房产和田地，便私下把箭再往北射去。结果，箭落在北京的后门桥。不久，刘伯温追到南苑，盘问财主。财主们眼看瞒不过，只好求饶。刘伯温也不坚持，答应在北京建城，但要他们筹集建城的资金。

当然，上述的故事只是民间传说，明成祖和刘伯温、徐达并非同时代的人物，而古代都城的设置也没有这么儿戏。

定都的因素

都城的设置主要是受到地理、交通、经济、军事等因素的影响。而这些因素又是互为表里、递相作用的。

西安古城

远古时期有一种观念，认为要对疆土施行理想的管治，最好是把都城设置在疆域的中央，这样能够环顾四方，面面俱到。而最早明确地表达这种观念的是周公。他根据四方诸侯国的位置作判断，认为雒邑（洛阳）是“天下之中”。虽然当时周人的都城在西方的酆、镐，但周人实际上把雒邑视为东都。

在注重地理位置的同时，山和水的生成也是定都的要素，而这些因素也直接影响到领土的军事形势。长安（西安）被称为“四塞之固”，就是指它的四方拥有天然的军事防线。长安的东面是黄河，南侧是秦岭，西面是陇山，北方则有岐山、嵯峨山等。汉高祖定都长安，就是以此军事优势扼制东方的诸侯，以及防范北方的匈奴。

另外，河流也能发挥军事防御的作用。南京城外的一段长江，波涛汹涌。曹丕曾临江慨叹：“固天所以隔南北也！”东晋和南朝的宋、齐、梁、陈等朝代定都南京，得以偏安一隅，都是仰赖这线天险。

河道最多的要数开封。但开封河道的优势不在于军事，而在于交通和经济。开封能够成为北宋的都城，是因为它处于“四达之会”，也就是四条河道的交汇点。四河是指汴河、黄河、惠民河和广济河。河道四通八达，水路运输十分便利，直接刺激了商品经济的发展。同时，开封水道纵横，平原广袤，非常适合农业生产。北宋实施强干弱枝政策，在都城内大量驻军，又广泛吸纳人口，物资消耗巨大。因此，开封的农商之利是必要的考虑因素。

古都的兴废

时势的变化，造成都城的更迭转移。我们看看洛阳的兴废，尝试感受一下时局的变幻。

洛阳以其“天下之中”的地理位置而成为西周的陪都。周平王东迁后，洛阳成为正式的首都。光武帝刘秀中兴汉室，定都洛阳；及东汉末年，权臣董卓挟持献帝迁都长安，临行前把旧都洛阳大肆破坏，抢掠一空。北魏孝文帝掌握鲜卑族的政权，他因为仰慕汉人的文化，于是“迁宅中原”，洛阳再次成为首都。北魏后期，权臣高欢为了抗衡宇文泰的威胁，迁都邺城。他临行前拆毁洛阳的宫殿，以其土木作为营建新都的材料。唐高宗时关中旱灾，长安缺粮，高宗、武后带领朝廷重要官员就食洛阳，因而洛阳再次成为政治中心。后来五代的后梁和后唐都定都洛阳。

洛阳古城

然而，随着经济重心转向东南，以及政治和军事重心进一步北移之后，洛阳作为首都的优势便日趋淡化了。它在宋、金时还一度保持着陪都的名义，到元、明、清时，洛阳不过是河南府所辖的一座城市而已。

司马光的诗句："若问古今兴废事，请君只看洛阳城。"实在切中肯綮。

当代中国的首都北京，相沿为金、元、明、清及民国初年的都城，见证过多番的顺逆兴衰。今天的北京经济发展蓬勃，对外交流频繁，不断举办大型的国际活动，再次展现出另一个腾飞的局面。

假如南苑的小财主们活在今天，肯定会抓紧飞来之箭，死命不放的了。

二十　中华民族的抟成

“溥天之下，莫非王土；率土之滨，莫非王臣。”[1]这一诗句表示周王室的领土广袤，遍及天涯海角。古代的民族观基本上是建立在这种世界观之上的。

华夷之辨

从传疑时代的黄帝开始，各部族主要活动于黄河中下游区域，他们的生活文化习俗比较接近。夏、商、周三代，在长期的兼并战争和政权交替作用下，这些部族逐渐融为一体，并形成一个较为完整而明确的族类社群。而最早出现在《左传》的“华夏”称谓，指的就是这个族群。

在华夏族形成和发展的过程中，由于受到本位意识的影响，因而逐渐产生华夷的观念。春秋时代，常以“诸夏”和“四夷”对举。诸夏是指周王畿及诸侯国，四夷则泛指中原政权以外的周边部族。除了地缘因素外，当时的人还以饮食、衣服、货币和语言等因

少数民族风貌

①《诗经·小雅·北山》。

素来辨别族类。儒家则更强调以礼俗作为判断华夷的标准——遵循周礼的就属于华夏，而不守周礼的就归为夷狄。然而，不管辨别的标准如何，当时以华夏为中心的民族观已经确立了。

华夷之防

春秋时代，周王室式微，王权无威，周边部族势力纷纷向中原压迫。这种局势激发了华夏民族的防范意识，认为“非我族类，其心必异”②。东迁后的周天子虽已失去了号令天下的权威，但仍然是华夏族的象征。齐桓公和管仲首先提倡“尊王攘夷”，主张拥护周室的政权，同时遏制夷狄的扩张。这固然是称霸的策略，但也代表了华夏族的共同取向。

从儒家的观点来看，民族间的矛盾主要在于文化上的差异。孔子认为：“远人不服，则修文德以来之。既来之，则安之。”③主张以中原的礼乐文化感召周边部族，认为只要其他部族接受了中原文化，便能成为华夏正统的一部分。这种观点也就是孟子所说的“用夏变夷”。

华夷互动

然而，在历史发展的长河中，华夏族不一定都处于支配的地位。魏晋南北朝、宋辽夏金这两段政治分裂时期，以及边境民族蒙古、满洲先后入主中原，建立起元、清两朝统一局面，都对传统的民族观造成一些冲击。

边境民族入主中原，都会强调华夷一家的观点，以争取政权的认受性；又会着意承袭华夏文化，以笼络人心。事实上，在儒家兼容并蓄的观念影响下，华夷之辨的意识也逐渐淡化了。如唐太宗曾表示：“自古皆贵中华贱夷狄，朕独爱之如一。”④元代续修史籍，对《宋史》、《辽史》、《金史》一视同仁，无分高下。即使是曾经以“驱逐胡虏，恢复中华”为讨元号召的明太祖，也主张“华夷

---

②《左传·成公四年》。
③《论语·季氏》。
④《资治通鉴·唐纪》。

无间”。当然，对于处于统治地位的民族来说，宣扬华夷一家，只是一种怀柔的手段；在实际的操作上，还是难免凸显本族的优越地位的。

民族共和

晚清以来，随着与西方国家的互动不断增加，中国逐渐融入世界体系之中。鸦片战争后，华夷之辨进一步淡化，取而代之的是中外之间的矛盾。此后，华夏族重新审视自己的处境，慢慢建立了新的世界观：“若把地理来参详，中国并不在中央。地球本是浑圆物，谁居中央谁四旁。”⑤同时，面对西方强国的压力，有识之士重新调整民族观念，提出“只有所谓中国，无所谓满汉”⑥，进而倡导汉、满、蒙、回、藏五族共和，以凝聚大中华的民族意识，为争取国家主权的独立，以及政治体制的更新发展做好准备。

事实上，自从清末梁启超开始在其文章中使用“民族”一词，“中华”与“民族”联缀成一词，“中华民族”就成为了中国境内各民族的总称。

今天，中华民族包含了五十六个民族，不论大小，无分华夷，各族平等，和睦相处，可说是，溥天之下，率土之滨，抟成了一个民族大家庭。

中国地图

⑤ 清·皮嘉佑：《醒世歌》。
⑥ 清·康有为：《答南北美洲诸华侨论中国只可行立宪不可行革命书》。

专题二

经济与生活

一　地理环境对经济模式的制约

地理环境对经济生活的影响和制约显著，在生产力水平低下、社会制度落后的古代尤其明显。地理环境包括气候、土壤、地形、植被①、水文②以及所引起的自然灾害等，它支配一个地区的经济发展形态。如果我们把中国的地理环境和欧洲大陆相比，就更能说明问题。

农业条件有限

与欧洲相比，中国的农业条件，包括耕地面积、土质及气候等方面，都有较大的局限。

首先，中国可资利用的土地面积远小于欧洲。虽然中国与欧洲的面积大致相当，但欧洲平均海拔只有三四百米，宜于农业的平原面积约占全部面积的五成多；而中国平原面积则仅占国土面积的不足一成。人口方面，在古代历史上，中国与欧洲却约略相近。两地

干旱地貌

① 植被：植物覆盖地表的情状。
② 水文：自然界中水的各种形态、变化、分布及性质等。

在耕地面积与所承受人口数量之间，形成了明显的差距。

其次，中国的土壤条件亦较欧洲差劣。欧洲主要的土壤是灰化土，其次是褐色土、棕色森林土等，均有良好的蓄水性与可耕性；而中国的农业地区，大部分土壤是可耕性较差的盐碱、红壤等。成书于战国末年的《商君书·算地》就曾指出当时秦国的土地中“山林居地什一，薮泽居地什一，溪谷流水居地什一，蹊道居地什四”，说明很大部分的土质都是不宜耕种的。

还有，中国的气候条件也不如欧洲。欧洲大部分地区属温带海洋性气候，雨量均匀，气候稳定；而中国大部分地区则处于西北大陆干旱风带与东南海洋风带之间，雨量分布不均，比较容易形成旱灾和水灾。

农业经济模式

上述自然环境的特性支配了古代经济发展的模式。

就农业来说，传统农业经济是以经营土地为核心的综合经济，包括耕、织、畜等经济活动。由于可垦土地狭小，以及人口不断增长，大量占地的畜牧业很快就被小块垦殖的精耕细作的种植业所取代，并转而以饲养猪、鸡等食粮禽畜为主。个别农民所畜养的牛、马等大型牲畜，也只用于农耕，且为圈养，与欧洲农民的畜牧业有着本质的不同。

欧洲宽广的平原地貌，以及湿润的海洋性气候，使其森林与草地覆盖率远高于同期的中国内陆。而且，欧洲史上又不曾出现过地狭人多的问题。因此，欧洲农民的生产方式一般采取大面积的粗放耕作。作物相对稀疏，犁耕不深，很少田间管理与水利灌溉，两三块田地之间轮耕制十分普遍，而农产量的提高一般有赖于耕地面积的扩大。在这种基础上，他们发展出农牧混合的经济形态。例如中世纪的庄园中普遍开辟了牧场、草场，可见畜牧业在农民的经济生产中占有重要的地位。畜牧业的发达，为人们提供了大量的肉、奶、油等食物，以及多种毛制产品。

商业空间狭窄

欧洲的农牧混合经济，中国以土地经营为核心的综合经济，对历史的影响在一定时期内看不出多大差异，但当社会发展至商品经济时，差异就会日渐显著。随着社会需求的增加，以及剩余产量的提高，农副产品如粮食、肉类将会走向商品化的经营道路，并会带动如毛纺业一类的手工业发展。欧洲凭借蒸汽机之发明，机器率先用于大规模生产，加上发达的畜牧业等因素，很快便走上了资本主义的经济发展道路。而中国以土地为本的综合经济，和国家政策上“以农为本”等因素，虽然在明清时期也在纺织业等领域里发展出一定的商品化生产倾向，但始终都没有摆脱传统自然经济的局限。

可见，古代“国以农为本，民以食为天”的社会观念，除了切合君主政权的管治需求外，同时也和客观的环境因素分不开。

蒸汽机

二　儒家的富民思想

历代出色的理财家都主张“藏富于民”。如唐代的刘晏主张“理财以爱民为先”；北宋李觏认为富国在乎强本节用，要做到“下无不足而上则有馀”；明代的丘濬更指出“天下盛衰在庶民”，因此他认为“善于富国者，必先理民之财”。而这种经济理念都是源于儒家的富民思想。

因民之利

《尚书》、《周易》都寄托了有关养民、裕民的思想，而孔子则提出了较具系统的富民理论。孔子认为人都是喜富恶贫的，人民最关心的也是自己的利益。因此，他认为统治者首要之务就是富民。为了实现他的富民思想，孔子提出了“因民之所利而利之”[1]的政策方针，主张实行相对宽惠的经济政策。他主张“敛从其薄”[2]，对于鲁国大夫臧文仲设置六个关口，征收往来商人的税款，他大加批评，认为那是“不仁”的表现。他认为横征暴敛只会导致民穷财尽，从根本上危害国家的经济基础。孔子指出：“百姓足，君孰与不足？百姓不足，君孰与足？”[3]就是说明“民富先于国富”的道理，统治者应该把国富建立在民富的基础上。

《周易》书影

①《论语·尧曰》。
②《左传·哀公十一年》。
③《论语·颜渊》。

泽梁无禁

孟子继承孔子的思想，追求一个稳定、和谐而富裕的社会。他的这种理想也是以富民为基础的。因此，统治者必须让人民拥有充裕的物质生活，以维持家庭成员的衣食温饱，达到“仰足以事父母，俯足以畜妻子”，才算是理想的社会状态。在具体措施方面，孟子主张维护田产的私有权，让人民得以从事男耕女织的生产活动。此外，他又提出“泽梁无禁”的主张，要求开放被贵族垄断的山泽资源，让人民自行开发致富。还有，孟子反对征收商品税，只同意保留农业税项。而在农业税方面，他主张恢复西周时期的十分之一税率。《孟子·告子》的相关论述，使我们相信，十分之一的税率在当时来说是一种减税的主张。

以政裕民

荀子的《富国》篇进一步阐述了富国必先富民的道理。他认为，统治者能否得到人民的拥护，取决于人民得到多少实际的利益。人民所得的利益越多，统治者的政权也就越加稳固。因此，统治者必须“以政裕民”，把富民作为基本国策。荀子又强调，如果离开了富民来谈富国，以巧取豪夺的手段来充实国库，只会使国家根基虚弱，导致社会不安。反之，人民富裕，就能积累资本，提高生产力，从而促进社会经济的发展，达至国家的富强。

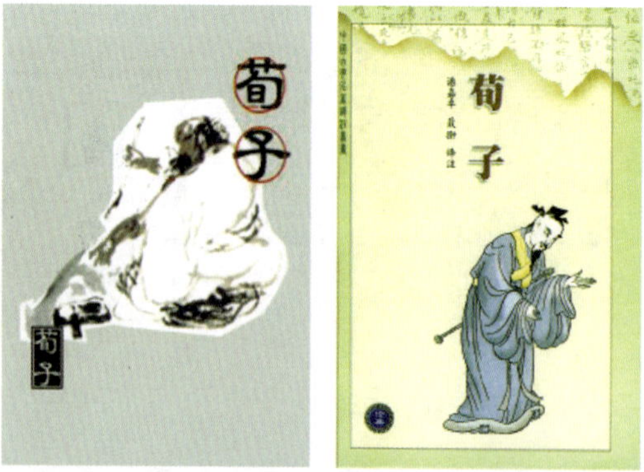

《荀子》书影

难于实践

秦汉时期，中央集权的专制政体得到确立和巩固，统治者在政治和经济制度上都逐渐走向专制和垄断，他们继承先秦法家的富国理念，主张利归国有，实行全面控制社会的资源和财富。④在历代的专制政体下，儒家的富民思想实际上没有在经济上得到充分的实践，而成为统治者建立政治形象时的宣传口号，以及争取社会经济开放发展的政客和思想家心中的理想追求。

反观今天，香港地区的社会经济政策，却有儒家“藏富于民”思想的一些影响。香港政府着意维护和鼓励私人资本的自由发展，并提供一个大体上机会均等、公平竞争的投资环境，尽量减少对私人投资的干预，充分发挥市场机制对投资的调节作用。因此，香港绝大部分的经济投资如电力、煤气、通信，以至交通运输等领域，都是由私人投资和经营的。而且，香港奉行低税率政策，税制较为宽简，直接鼓励生产动力，刺激消费意欲，有助社会经济的发展。

④ 汉初六七十年间，为了与民休养生息，采取比较宽松的经济政策，轻徭薄赋，当作别论。

三　国家对经济的干预和垄断

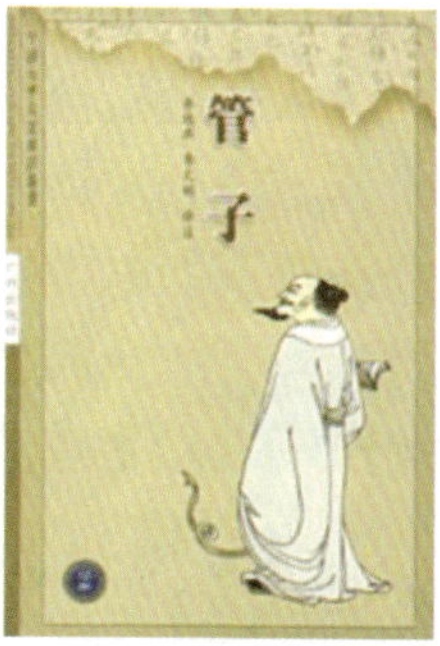
《管子》书影

《管子·国蓄》[①]指出："予之在君，夺之在君，贫之在君，富之在君。"认为君主应该综观全局，用心于政策的推行，因为会直接影响到人民的贫富得失。

商贾聚财影响政府管治

古代的农业经济社会，至春秋战国时代，逐渐形成土地私有制，至秦而土地私有制确立。而中央集权的君主专制政权，也在这种经济基础上逐渐形成并确立起来。政府要在广大的领土上进行有效统治，必须依赖庞大的管治机构，众多的行政官员，以及强大的军队。因此，如何开发财政来源，以应付庞大的财政开支，就成为历代政权面临的重要课题。

由于土地私有制，大部分土地名义上属于地主和农民，政府要从人民身上取得经济上的利益，主要是通过徭役的摊派和赋税的征收。可是，在徭役赋税上实行横征暴敛，后果是负面的。秦王朝征敛无度，以致速亡。这对西汉的统治者来说是前车之鉴。因此，他们要寻求一个既能增加政府收入，又能保持政治稳定的办法。

同时，工商业具有分解农业经济、削弱中央集权统治的作用。工商业的发展愈是蓬勃，就有愈多农民弃农从商，削弱农业经济基

①《管子》为战国时代齐国稷下学者托名春秋时齐相管仲所作。《国蓄》为《管子》中的一篇。

础。商人积聚大量财富后，就把资金投放在土地上，或是向农民放贷以生息，以至兼并土地的现象更趋普遍，迫使更多农民破产流亡。这不仅影响政府的财政收入，而且也影响社会政治秩序。

运用国家权力抑制富商大贾

基于上述情况，自战国中期以来，就出现了经济干预的思想。“轻重论”就是在这种思想背景下产生的经济理论。对这种理论有较集中的阐述，并流传至今的文献就是《管子》。

“轻重论”认为，经济发展中产生的富商大贾是一种祸害，他们不但兼并土地、剥削农民，而且威胁到君主的统治。富商财雄势大，聚集豪党，操控地方事务，甚至与君主分庭抗礼，成为专制政权以外的另一股强大势力。因此，“轻重论”主张国家直接经营工商业，垄断物资，操控市场，掌握供求，调节物价。这样，不但可以压抑富商大贾，而且可以增加政府的收入。他们还认为，这种政策与税收不同，一般不触及农民的利益，较易为社会大众所接受。

实行专卖及重征工商税

基于这种经济管理的思想，列国曾经推行过相应的经济干预措施。如魏国的李悝实行“平籴法”，在丰年时以低价购买余粮，等到荒年时再以低价出售，以平抑粮食价格。秦国的商鞅更是主张禁止商人经营粮食买卖，杜绝他们利用年岁丰歉[②]之差以进行粮食投机活动；同时，又加重商人关市之税，既可阻止农民从商，亦能增加政府的财政收入。

西汉初年实行“无为而治”，与民休养生息，采取相对放任

盐

铁

酒

② 丰歉：丰收或歉收，指农作物收成的好坏。

的经济政策。施行的结果，社会经济获得迅速恢复和发展，国用富足，但也逐渐产生负面影响，导致弃农从商、土地兼并、贫富悬殊等各种现象交相出现。后来，地方割据势力如某些桀骜不驯的诸侯王国甚至借着商人资本以扩张势力，威胁到中央政府的管治。在这种情况下，统治者再次意识到经济干预的迫切性。

汉武帝时，桑弘羊、张汤等官员建议推行强力的经济干预措施。当时，政府实行盐、铁、酒专卖，垄断了高增值产品的收入；继而推行"平准法"，掌握物资的吞吐量，以平抑物价；又行"均输法"，将郡国交纳的贡品换作当地土产作抵充，并把贡品运到最需要的地方出售，实际上是把商人从中赚取的利润转移到国库，并透过"算缗法"，对商人和高利贷者征收沉重的财产税。

此后的两千年间，各个王朝的统治者在操控市场、压抑商人的方法和程度上虽然有所差别，但始终大都没有脱离过经济干预的政策方针。

《管子·国蓄》说："民之戴上如日月，亲君若父母。"要是君主能够实行利民富民的政策，便会获得人民的拥戴，从而巩固其统治。

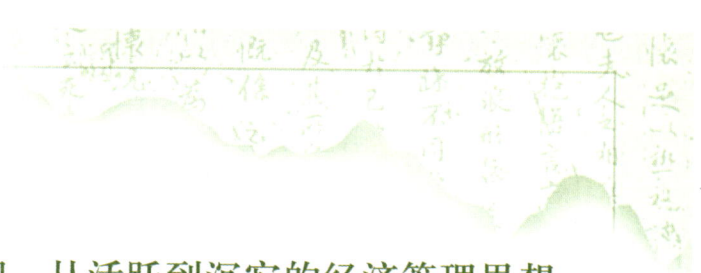

四　从活跃到沉寂的经济管理思想

司马迁在《史记·货殖列传》谈到战国秦汉时期的经济发展状况时，指出商贾活动范围广泛，遍及关中、三河、燕赵、齐鲁、江淮，以至岭南各地，并将之概括为："天下熙熙，皆为利来；天下壤（壤，通"攘"）壤，皆为利往。"可见当时的商品经济发展是相当蓬勃的。

商品经济发展蓬勃

在整个古代经济思想史中，有关富国之道的讨论相当丰富，但对于研究个别生产单位的经营之道，则显得相对贫乏。然而，在春秋末至西汉初年这几百年间，有关经济管理的思想却非常活跃。

春秋末至西汉初，随着铁制农具和牛耕技术的逐渐普及，农业经济发展迅速，产量大幅提高，剩余的农产品有所增加，推动了商

商鞅画像

品经济的蓬勃发展。在商品经济的发展过程中，人们开始意识到经济的规律。在各种商品之中，人们首先关注到谷物的价格。如春秋时越国的宰相范蠡认为，谷物价格过低会损害农业，过高则会影响商业，只有价格适中，才能达到农商稳定的状态。而从事商品生产和交易的人，为了在市场上获得更多利润，他们就要研究市场变化的规律，以及经营的技巧。

工商政策相对宽松

随着工商业的发展，社会上弃农从商、土地兼并、贫富悬殊等问题日益明显。统治阶层为了稳定小农经济的社会局面，便逐渐酝酿出重农抑商的思想和政策。战国时，魏国的李悝、秦国的商鞅和韩非都先后提出过比较明确的抑商主张。但是从抑商思想的萌动到全面实行抑商的政策，还需要一个发展过程。事实上，从战国一直到汉武帝以前，都还算是抑商政策的酝酿期。大体来说，从春秋到西汉初期，工商业的发展是比较自由的，较少受到政府的干预。政府采取相对宽松的经济政策，既有利于工商业发展，也让人们较容易体会到经济规律的本质。

吕不韦画像

商人预政，士人从商

由于工商业发展蓬勃，逐利风气盛行，商人的地位也普遍比较突出。当时，一些富商大贾在政治上有一定的影响力。他们凭着丰厚的财富，得以交际王侯，甚至“能行诸侯之贿”[①]，左右政局。孔子的弟子端木赐为大商人，得到各地诸侯的恭请，并与诸侯分庭抗礼，地位相当。战国末期阳翟（dí）大贾吕不韦“立主定国”，身为秦相，更是大商人参与政治活动的成功一例。

在这种社会环境中，经商成为理想的职业，为不少贤者所趋赴。虽然春秋时就有“学而优则仕”的说法，但这一时期学而优为

①《国语·晋语》。

商、仕而后从商的情况都很普遍。范蠡辅助越王勾践消灭吴国之后，弃官从商，改名陶朱公，十九年间三致千金。端木赐虽为儒家弟子，但长于雄辩，善于经商。两人同为商界的佼佼者，以至后来有所谓“陶朱事业，端木生涯”的说法。此外，魏国的白圭也是很有学问的商人，他在研究治生之学时，糅合了孙武、吴起的兵法理论，在预测农产品市场时，还运用了当时的天文学、气象学知识。司马迁曾说：“盖天下言治生祖白圭。”意即讲求经商致富之道的人，都奉白圭为鼻祖。

抑商观念打击经商热情

然而，汉武帝以后，专制政体巩固了，中央集权加强了，重农抑商的政策也随之进一步落实。在这种情况下，商品经济发展的步伐开始减慢，甚至呈现停滞的状态，影响及于社会经济的整体。工商业的发展既然受到限制，商人的社会地位也相对降低了。读书人耻言经商，以至经商致富之道不能登上大雅之堂。同时，社会上的商业活动基本上被统治阶层所垄断。由于统治者在传统社会里享有特权，无须承受商业竞争的压力，因此，所谓治生之道也无用武之地，以至有关经济管理的思想也就渐见沉寂了。

《史记·货殖列传》引《周书》加以强调：“农不出则乏其食，工不出则乏其事，商不出则三宝绝。”认为农、工、商等经济部分缺一不可；又指出：“用贫求富，农不如工，工不如商。”说明工商业是促进社会富强的重要组成部分。随着专制政权重农抑商的政策逐渐落实和强化，古代经济只能长期停留在以小农经济为主的发展状态，难求突破了。

五　司马迁的经济理念

西汉史学家司马迁在《史记·货殖列传》中，谈到经济管理政策时指出："善者因之，其次利道之，其次教诲之，其次整齐之，最下者与之争。"他认为最理想的经济政策是顺应经济的自然发展，尽量减少政治上的干预，避免与民争利。

肯定逐利行为

在先秦时代，就有不少人主张对社会经济发展采取放任的态度。孔子曾经提出："因民之所利而利之。"[①]意思是人民能够在哪里获利，就任由他们在哪里逐利。孟子也主张："关市讥而不征。"就是指货物通过政府关口时，只需检查一下，连税款也不应征收。汉初奉行"黄老无为"的治术，认为"治道贵清净而民自定"[②]，六七十年间，所实行的经济政策都比较放任，经济活动的环境比较宽松，因而社会经济的发展比较迅速。

汉武帝画像

到了汉武帝时期，朝廷采取经济干预政策，对经济活动进行了广泛而严格的控制。太史公司马迁针对相关政策，提出了善因论，全面而系统地阐述了个人的经济理念。

司马迁认为社会经济发展是有内在动力的，不需要任何命令和召唤，社会经济就会不停地运转。这种动力就是源自人们

①《论语·尧曰》。
②《史记·曹相国世家》。

求富的欲望。这一论点是司马迁分析经济问题的理论基础。

司马迁画像

司马迁指出人们追求物质利益的行为是出于自然的。社会上各行各业、形形色色的人，为了逐利而从事各种经济活动，不避各种风险，展示了求富的内在动力。同时，他把逐利的途径分为本富、末富和奸富三种。“本富”是指从事农业而致富，“末富”是指从事工商业而致富，两者对政府和人民都有好处，是正当的经济活动。至于违法犯科以致富的“奸富”，由于损害他人的利益，因此不为司马迁所认同。

承认贫富差距

对于社会上的贫富差距问题，司马迁也采取了比较理性的态度。他认为贫富的差别是自然的，合理的。他指出，富者的钱财不是别人给予的，而贫者也不是由于被人掠夺以致贫。贫富的差别只在于逐利本事的巧拙高低。在他看来，对富人进行限制和打击是违反自然之道的。他对汉武帝时期打击富商大贾的政策十分不满，其中以“告缗”[③]的法令尤为他所批评。司马迁指出“告缗”之策没收了中产以上的财产，虽使国家财政充裕了，但也同时打击了商人经营事业的积极性，使得社会经济发展的动力受到压制。

反对经济干预

司马迁认为，社会经济的正常发展，除了依赖自然资源之外，还需要农、虞[④]、工、商等方面的经济活动相配合。对于自然资源，有待“农而食之，虞而出之，工而成之，商而通之”。他指出，整体的经济活动频繁，人民的生活就富足；要是欠缺某个经济组成部

③ 汉武帝向工商业者征收财产税，不少工商业者隐瞒财产。汉武帝便推行“告缗令”，对隐瞒财产或以多报少的人判罚边一年，并没收财产；检举漏税有功者，则赏给没收财产的一半。

④ 虞，指山林薮泽产业。

分，社会经济发展便会显得呆滞，人民的生活水平也就难以提高。因此，他不赞成以专制手段压制某方面的经济活动。而他对汉武帝所采取的抑商政策，是抱着反对的态度的。

司马迁还认为，社会经济体系具有自我调节的机制，商品价格会因应当时的经济状况而自动做出调整，从而达至一种平衡的经济状态。因此，他主张允许价格波动，而不必大力干预。对于汉武帝推行的“均输”、“平准”⑤之策，一方面操纵物价，另一方面趁机图利，他是否定的。他指出，政府对经济的干预，会破坏价格的正常波动，从而破坏社会经济的正常运作。

经济干预、经济垄断等政策，对巩固专制政权的统治，增加朝廷的收入是有利的。而司马迁的经济理念，虽然有助提高社会经济发展的水平，但并不符合古代政权的管治模式。因此，在后来的各个王朝，他的经济思想都未受到应有的重视。到了君主政体面临瓦解，王朝的经济干预政策受到西方思潮的冲击时，司马迁的经济理念才开始被梁启超等变法先驱所重视。

⑤ 汉武帝时设均输官，负责统筹地方贡物，运往高价处出售，既可获利，又可调节物价；又在京师设平准法，垄断运往京师的货物，贵即卖之，贱则买之，也是平抑物价的措施。

六 义利之辨

南宋理学家朱熹在《朱子文集》卷廿四提到："义利之说，乃儒者第一义。"指出义利之辨是儒家思想中最核心的课题。

见利思义，循道逐利

义利之辨就是指人们在进行经济活动时，对道德和利益所采取的价值判断。利益的追求一般从个人的角度出发，所以"利"专指"私利"；而道德的对象一般以社会整体而言，因而"义"专指"公义"。

传统义利观的主流是"重义轻利"。这种观念则发端于孔子的经济伦理思想。孔子追求稳定和谐的社会秩序，同时又肯定人们逐利的本性。而人们在追求利益时，就有可能会破坏社会秩序的稳定与和谐。

而且，在人们追求利益的过程中，本身具备的条件，乃至最终所得的成果都不一样，形成了贫富差别。这种贫富差别，又会在社会上造成尖锐的矛盾。

因此，孔子提出了"见利思义"的原则，以调节人们的经济活动。孔子主张以道德来约束逐利的行为。他认为，在符合道德的情况下，逐利是恰当的行为；然而，若是透过不义之途而得益，就不能接受。这个原则的核心精神，一方面是要限制统治者过分征敛、与民争利，以保障人民的私有财产。例如，季氏本来已经很富有，而孔子的弟子冉求还帮他聚敛财富，孔子就表示十分愤慨，指冉求不配做自己的弟子，并要求其他弟子鸣鼓而攻之。另一方面，对于贫者来说，虽逐利而不得，也应该"贫而无怨"，甚至是"贫亦乐”。如孔子的弟子颜回，即使只得“一箪食，一瓢饮，在陋巷”，也不改其乐，所以孔子特别器重他。

此后，随着儒家思想被纳入政治主流，孔子的义利观也就成了社会经济活动的道德基准。其间，义和利的轻重对比，虽间或出现调整的情况，但还是没有摆脱“重义轻利”的基本原则。

高扬道德价值，贬抑逐利之心

朱熹画像

及至宋代，理学盛行，理学家高谈道德性命，强调三纲五常，把义利关系的道德规范绝对化。朱熹为宋代理学的集大成者，他的“重义轻利”的观念亦具代表性。他把“仁义”说成是“天理之公”，把“利心”定义为“人欲之私”；又指出“天理人欲不两立”[①]，把两者对立起来，看做是不可调和的。由是，朱熹主张“存天理，灭人欲”[②]，高扬道德价值，而贬抑逐利之心。这时候，“重义轻利”的义利观可说是发展到了极致。

后来，虽然有些主张功利主义的思想家如南宋叶适等人，认为应该义利并重，不应过分地以道德来抑制利欲；然而，“重义轻利”的观念始终占据着古代经济伦理思想的主流。

“重义轻利”，利弊互见

传统“重义轻利”的观念，强调个人在追求利益时，要先考虑到相应的行为是否符合道德原则。这种观念展示了义利关系上的价值取向，说明人们在逐利时要受到理性的制约，不可见利忘义，更不能唯利是图。它激励了整个民族对道德的追求，体现了“富贵不能淫，贫贱不能移，威武不能屈”的道德风尚。在“重义轻利”的原则下，很多人固能做到“见利思义”，而不少人更能表现出“舍

①《朱子语类》卷一一三。
② 同上书，卷十二。

生取义”的道德精神。这些都是值得称颂的。

然而，“重义轻利”的观念也在一定程度上妨碍了古代生产力的发展。在这种观念的影响下，历代有不少士大夫乃至平民百姓都以言利为耻。而不少古代的读书人，都因此变成了不谈经济的腐儒。他们只会走进空疏寥廓的境地，空谈道德心性，而不知国计民生，在一定程度上妨碍了社会的经济发展。同时，这种观念又促成了抑商的风气，制约了商品经济的发展，导致社会整体经济发展缓慢。

而且，在古代的专制政治体制下，统治者都是空谈“天下为公”，实际上是“化公为私”，“以我之大私为天下之大公”[③]。在这种情况下，“重义轻利”便反过来成为统治者剥削人民以攫取利益的理据了。

朱熹同时指出：“天下之事，惟义利而已。”事实上，义利之辨可说是个永恒的论题，要达到公私兼顾、义利统一的理想境界的确不容易。

“天下为公”匾额

③ 明·黄宗羲：《明夷待访录·原君》。

七　讲求精耕细作的农业技术

元朝农学家王祯在《农书》中指出："田非器不成。"古代的农业生产技术，主要是讲求精耕细作，而精耕细作又与农具发明、畜力利用、农田水利等直接相关。

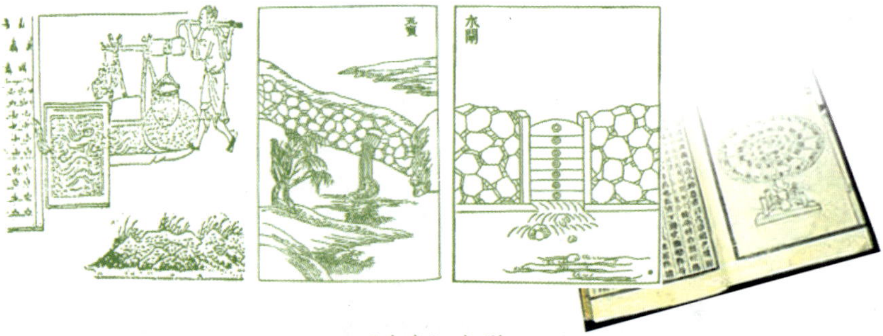

《农书》书影

自然条件制约

精耕细作的实施是由中国特定的自然条件所决定的。

中国的自然环境，造成频繁的水旱天灾以及低下的农作物产量。在这种条件下，大面积农地的粗放种植模式难以形成，而只有小面积的精耕细作才能保障一定水平的农业生产。传统农谚所谓的"广种未必多收"、"锄头底下三分泽"等，都反映了这种以密集的劳动力投入小片农地的经营模式。事实上，传统农业产量的多寡并非单纯取决于农地面积的大小，而是更多取决于精耕细作的水平。北魏著名农学家贾思勰就曾在《齐民要术·杂说》中指出："凡人家营田，须量己力，宁可少好，不可多恶。"就是强调精耕细作对农业生产的重要性。

铁制农具与牛耕

铁制农具和畜力利用，是精耕细作的重要一环。据考古文献所得，春秋时期已经出现了铁制农具和牛耕技术。这是古代农业发展的一个突破。

《国语·齐语》记载，齐国的丞相管仲就曾向齐桓公建议用铁铸造农具。及至战国时代，铁器制品已相当普遍。当时的铁制农具就有犁、铧、镬、锸、镰、斧、锄等。有些诸侯国为了提高产量，还主动给农民提供铁制农具。

《论语·雍也》有“犁牛之子骍且角”之说，把犁与牛并称，可见春秋时期已有牛耕。牛与耕两个概念的结合，还反映在当时的人名里。如孔子弟子中的冉耕字伯牛，司马耕字子牛等。此外，牛鼻穿环的记载也说明了牛用于耕作的现象。《庄子·秋水》云：“牛马四足，是谓天；落马首，穿牛鼻，是谓人。”可见当时已有牛鼻穿环驭牛之事。

在铁制农具和牛耕技术发明以前，农耕的工具主要是耒和耜。耜用来翻土耕地，耒就是耜的把柄。当时农耕技术的突破，就是把原来用木制的耜改为铁制，并且在耜的原形上演变成“犁”，发展出牛耕技术，唐代又改革了犁的构造，把直辕犁改装成曲辕犁[①]。这些技术大大提高了生产效率，促进了传统农业的发展。

牛耕图

水利工程与灌溉工具

农田灌溉设施亦为精耕细作不可或缺的条件。早在春秋时期，农田水利已为人们所重视。《周礼·考工记·匠人》就记载了简单的沟洫系统。当时的诸侯国都很重视水利发展，其中以吴王夫差开

① 直辕犁比较笨拙，曲辕犁改直辕为曲辕，减轻犁架重量，降低受力点，相当轻便，减少了扶犁的人和拉犁牲畜的体力消耗，又可随时调节翻土的深浅，大大提高了耕地的质素及效率。

辟的邗（hán）沟最为著称。邗沟是我国最早开发的人工运河，贯通了江淮两大水系，对长江、淮河两岸的农田灌溉发挥了很大的作用。及至战国时代，水利事业更是空前发展。当时开发的都江堰、漳水渠等，不但提供了灌溉的水源，而且舒缓了洪水的祸害。

除了兴修水利工程，汲水灌溉的技术水平也不断提高，桔槔就是当时利用杠杆原理而发明的汲水工具，代替了过去抱瓶灌溉的方法；唐代又进一步发明了筒车②与高转筒车等汲水灌溉工具。这种发明不但提高了灌溉的效率，而且打破了原来只能由高处往低处引水灌溉的局限。

汲水图

生产技术难有突破

精耕细作的农耕方式，在特定的历史时期内的确可以满足农业经济的发展需求，但在长期的经济发展过程中，相关的技术就显得缺乏演进的空间，难求突破了。以牛耕技术为例，可算是精耕细作条件下最先进的耕作技术了。在生产资源高度集中的数十亩农地里，牛耕技术已足以满足生产的需求，没有必要作进一步的提高。因此，在整个古代农业发展史中，牛耕技术一直占着主流的地位。直到现代，这种农耕技术仍然被广泛采用。

王祯在《农书》中虽然也曾强调“创物须凭巧智先”，提倡农业生产工具的开发和改良耕作技术，但由于小农经济模式的局限，农业技术始终难有大的突破。

②筒车又叫水转筒车，随水流自行转动，是从低处引水到高处的汲水工具；高转筒车则是筒车与翻车结合的装置，主要安装在上下落差较大的水边。

八 脆弱的小农经济

古代的小农经济很脆弱，经常受到天灾和战乱等的破坏。

生产力的局限

南宋理学家朱熹曾指出："夫农，衣食之所由出也。"然而，由于受到自然环境以及生产技术的限制，古代农业只能维持在低产量的生产水平。自从战国时代逐渐形成土地私有化后，农民便开始拥有相对独立的谋生空间。他们以家庭或家族为单位，在小片土地上投放最大程度的劳动力，进行以粮食生产为主，以纺织、畜牧为辅的综合经济活动，力图抗衡低产量、资源匮乏所带来的生存压力。

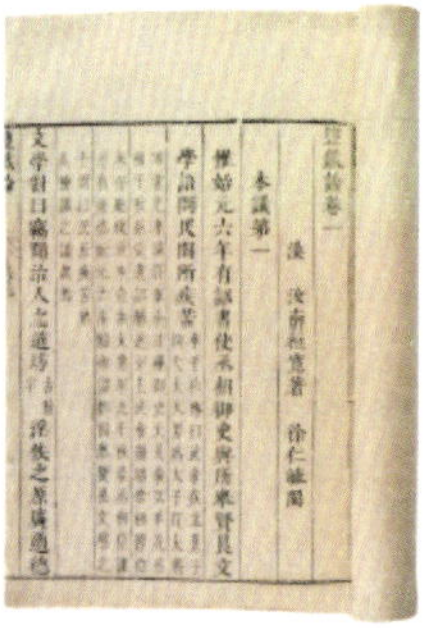

《盐铁论》书影

西汉桓宽的《盐铁论》曾经对这种生产模式作过描述："匹夫之力，尽于南亩；匹妇之力，尽于麻枲（xǐ）。"通过这种男耕女织的家庭协作，农户一般可以自给自足，勉强交纳赋税，并解决基本的衣食所需。

对土地的依赖

一般农家无论是经营自己拥有的小片土地，或是向地主租田耕种，其生产规模都很小，生产力也十分薄弱；要是遇上天灾人祸、重税苛役，或是豪强侵夺土地时，本来已经很脆弱的小农经济，就会很容易崩溃，以至要卖田鬻子，沦为流民了。

正是由于小农经济的脆弱本质，便形成农户对土地更大的依赖性，家庭或家族内部就展现出更强的向心力和凝聚力。每个家庭成员都要承担家庭内部的生产，每个小家庭都有义务维护本家族的经济利益。古来不少家训规定，兄弟各自成家，不得分割房屋田地；历朝政府也每每布谕，财力相当的上户，须接济本家贫户，免致流离失所。

有利专制政权

在小农经济体制下，土地资源分散，生产经营规模小，经济势力布局均衡。因此，在一般情况下，与中央权力核心相抗衡的社会势力不容易形成，可以避免类似汉初文景时期诸侯王国和地方豪强富比天子、威胁中央政府的局面出现。同时，这种体制把农民控制在土地上，使绝大多数人民耽于生计，自觉地服从中央政权的统治，从而稳定了专制政权下的社会结构。

另一方面，小农经济有利于维持专制政权的经济实力。中央集权政府需要一个庞大的官僚机构来进行操作。而维持这个官僚机构的运作，除了要得到地主的支持外，还要靠农民缴纳赋税、承担徭役。如果没有小农经济的发展，广大农民都会沦为流民，或成为大地主的附庸，专制政权就会失去一个重要的财源。从历史上看，当小农经济得到充分发展，政权的经济实力就显得雄厚，社会就会出现国泰民安的景象；相反，当小农经济遭到破坏时，政权的财源就会枯竭，管治实力也就会明显减弱。

唐代的盛衰就是一个典型的事例。唐初推行均田制及租庸调法，稳定的政局保证了这种法制的有效实施，出现了“小邑犹藏万家室”、“男耕女桑不相失”的“开元全盛日”①。及后因安史之乱的破坏，均田制及租庸调法废弛，北方黄河流域田园荒芜，百姓流离，叛乱平息后唐室的财政顿成问题，成为政权衰落的一个重要原因，幸赖有东南地区税收的补给，唐室的统治才得以继续维持。

保守狭隘的意识

从生产方式看，传统小农经济是以家庭为生产单位的、自给自

①杜甫：《忆昔》。

足的经济体系。这种经济体系拥有家庭内部的自然分工，而缺乏家庭以外的社会分工。事实上，分工本身加强了人与人之间的互动。在互动的过程中，人们会逐渐建立互惠互信的行为规范。但由于传统小农经济只有家庭分工而缺少社会分工，因此，信用体系只会存在于家庭内部，稍为扩充一些，也是局限于家族之间，而难以扩展致整个社会。在这种情况下，社会缺乏普遍的互信规范和风气，导致机会主义意识泛滥，人们的经济活动便很容易趋向以眼前利益为主导了。

而且，在自给自足的小农经济体系里，农民日出而作，日入而息，终年耽搁在土地上，但求风调雨顺，丰衣足食。这种处境造就了狭隘的思想意识，保守的经营态度。他们进行经济活动，普遍追求务实可期的成果，而缺乏风险承担的意识。这些因素都妨碍了古代商品经济的发展。

孔子曾说："耕也，馁（饥饿）在其中矣。"②他提出务农也会挨饿的说法，本意在于劝学。北宋学者邢昺对《论语》的相关文字做出疏解时虽然指出，求学未必就不须挨饿，但我们应该相信，学问至少可以扩展视野，足以超越小农经济体系下所构成的狭隘意识。

农耕图

②《论语·卫灵公》。

九　古代人口发展的趋势

北宋文学家苏轼在《国家秋试策问》一文中提到：“古者以民之多寡为国之贫富。”不但说明了人口发展和经济发展的关系，而且指出了古代人口发展的大致趋势。

官方人口统计历代相沿

古代对人口发展状况有很丰富的记载。根据《国语·周语》记载，早在周宣王三十九年（前789年），周王朝就在太原地区“料民”，也就是进行人口统计。秦国自从商鞅变法以后，更要求地方官员每年都要统计人口，并把相关的资料送往中央。

楚汉相争时，刘邦攻陷咸阳后，诸将争相搜掠金银财宝，唯有谋臣萧何却接收了秦丞相府、御史府所藏的律令、图书，掌握了全国的山川险要、郡县户籍，使刘邦得以了解“天下扼塞，户口多少，强弱之处”，可见萧何之相辅才识。

据《汉书·地理志》记载，西汉平帝元始二年（公元2年），政府第一次掌握了全国人口统计的具体数字。此后，历代相沿官方人口统计活动。虽然统计的数字未必能够完全反映实际的状况，但还是可以让我们了解到古代人口发展的基本趋势。

《汉书》书影

人口增长与经济发展互动

人口增长和生产力的提高有密切的关系，两者互相推动。春秋战国时期，铁制农具和牛耕技术虽已存在，但多数地区的耕种工具仍以木制的耒耜为主。到了汉代，铁制农具和牛耕技术得到广泛应用，农业生产率大大提高。魏晋南北朝至隋唐时期，长江中下游地区不断开发，全国耕地面积大为增加。及至宋代，又开拓了水稻种植的生产领域，当时以占城①稻的产量最为突出。到了清代，农业地区更扩展到云南、内蒙古、东北地区，以及台湾。粮食产量的增加，给人口的持续增长提供了基本条件。

古代的赋税对象由人丁转向土地，也刺激了人口的增长。唐朝中期推行的两税法，逐渐把税基转向土地；明朝的一条鞭法进而把徭役归入赋税，统一征收；清朝康熙时又宣布“滋生人丁，永不加赋”，雍正年间更正式废除了人头税。赋税的征收与人口的数量脱钩，不但使大量隐匿人口重新登上户籍，而且在一定程度上刺激了人口的繁殖。

波浪起伏，增长缓慢

虽然古代人口保持着增长的趋势，但增长的速度缓慢。农业是古代经济的主要成分，但古代的农业经济技术基本上没有太大的突破性发展，人们主要以扩大耕地面积来提高农产量。由于土地资源有限，加上生产力薄弱，以致农业发展受到限制，导致人口增长速度也较缓慢。

古代人口的增长也不是稳步上升的，而呈现出波浪式状态。当社会相对稳定时，农业经济持续发展，耕地扩张，人口相应增加。然而，如前所述，土地资源和生产力都是有限的，而社会上土地兼并现象往往是相当严重的，政府的课税又往往超过农民的负担能力。当两者的取予关系失去平衡时，便会出现粮食危机，脆弱的小农经济就会受到破坏，以致社会不安定，甚至引发动乱。而内乱的结果往往是人口大幅度下降。如唐代的安史之乱，全国总人口的耗

①在宋代，引进的外来优良稻种中，著名的有从安南引进的占城稻和从高丽引进的黄粒稻，尤以占城稻影响大。占城稻又称早禾或占禾，特点：一、耐旱；二、适应性强，不择地而生；三、生长期短。

损约二千万，降幅在百分之二十以上[②]。

此外，周期性的朝代更替也影响人口的数量，王朝的诞生往往是以牺牲大量人口为代价的。古代历朝政权的延续性有限，个别王朝甚至只存在十几年就被推翻。而政权的更迭几乎都是以战争的形式出现，导致人口急剧下降。如南宋末年，蒙古并夏吞金灭宋，中国战乱频仍，人口几乎耗损了一半[③]。

到了清前期，出现了古代人口突破性的增长。乾隆晚年，全

乾隆皇帝画像

国人口达到三亿；及至鸦片战争前夕，即道光十四年（1834），更突破四亿大关。面对人口激增的现象，人们逐渐注意到人口控制的问题。近代思想家梁启超在《禁早婚议》一文中指出："夫民族所以能立于天地者，惟其多乎？惟其强耳！"他除了提倡晚婚晚育外，更强调了人口素质的重要性。

②据费省《唐代人口地理》，唐代人口在唐玄宗天宝年间的峰值考数为七千七百万。

③据蓝勇《中国历史地理学》，南宋时期，南宋与金、西夏的人口与峰值合共近一亿四千万，而元初（1290年）全国人口仅有七千五百万左右。

十 经济重心由北向南的转移

中国经济重心的地域变迁，虽有过曲折的发展过程，但基本的发展方向是从北向南。导致中国经济重心南移的因素很多，主要是受到战乱的影响，北方游牧民族多次侵扰，士人、商贾逐步南迁，带去了先进的生产技术；而黄河多次决堤，逐渐出现土地沙化等因素，也造成经济重心向南移。

生产技术

据考古资料，黄河、长江流域的农业发轫期大致相当，但黄河流域却成为我国文明的第一个发祥地，亦成为古代中国的经济重心。这主要是自然环境和生产技术共同作用的结果。古代的黄河中下游地区的黄土层，土质细腻、肥沃，有利木、石、铜等农具的开发，又适合粟、稷等耐旱作物的生长。因此，种植业得以较早在黄河下游达到较高的发展水平。

黄河流域一段

相对而言，长江流域土壤黏结、湿润，不便于用木、石、铜等农具开垦；而适应这种土质的水稻又要求较高的种植技术。因此，秦汉以前，长江流域基本上还是停留在粗放耕作的阶段。自三国的孙吴建政东南后，随着铁制农具和牛耕的普及，以及中原农耕人口的迁入，长江流域河渠纵横、阳光充沛等自然资源的优势被发挥出来，

江南农业高产区地貌

日渐发展为农产繁荣的地区。及至唐代，江南水稻的种植技术有所突破，以苗圃育秧技术栽培水稻，产量大幅提高。到了宋代，除在平原地带持续开垦外，又在低洼地区开发圩田[①]，在山区垦辟梯田，甚至在沿海地区围海造田；而堤防、水门、渠道、陂塘等配套的水利设施，则加强了农田排灌的功能。这些因素直接提高了粮食的产量，促进了经济的发展。

人口流动

人口条件是经济发展的最根本因素。自秦汉以来，人口分布重心偏于北方，尤以河南、河北为甚，这与黄河流域的农业发展密切相关。相反，当时的南方地广人稀，河林密布，生存环境相对恶劣。后来，南方逐渐得到开发，这与中原人口的多次南迁有关。

公元4世纪初，即西晋末年，匈奴贵族刘渊叛晋，攻陷洛阳，俘虏晋怀帝，杀害三万多人，史称“永嘉之乱”。随后，包括洛阳大族的北方人士相率南迁。琅琊王司马睿凭借南迁的大量人口和财富，在建康（今南京市）建立东晋政权，促进了长江流域的经济发展。自此，每当北方发生战乱时，人民就如潮水般南迁，几成通

①圩（wéi）田：指低洼地区以土堤防水护田的稻田。

例。如唐代“安史之乱”、五代十国北方的长期战乱，以及北宋“靖康之难”，都是古代人口大规模南迁的高潮。

政治局势

秦汉之际，北方已经在中原形成了关中、关东两个发达的农业区，南方经济则一直处于落后的状态。三国鼎立的局面形成后，吴国对江南进行初步的开发，而蜀国也集中经营成都平原。继吴国之后，东晋和南朝的宋、齐、梁、陈等朝代相继定都南京，直接带动了北方人口的南流，使得江南地区的发展更为迅速，并逐渐形成以荆、扬二州为核心的南方经济区。隋朝统一全国后，修建贯通南北的大运河，进一步加快了南方的经济增长。

唐代安史之乱前，朝廷的赋税收入还十分倚重北方。安史之乱后，位处北方的河北、河南、河东三道藩镇跋扈，税赋不上缴，以致朝廷只得转而倚赖江淮一带的税收。

此外，唐末五代以来，江南士人的政治地位持续提高，也能反映江南经济地位的逐渐提高。入宋以后，南方士人在政治上的角色愈益重要。如“范仲淹起于吴，欧阳修起于楚，蔡襄起于闽，杜衍起于会稽，余靖起于岭南，皆为一时名臣”②。而参与王安石变法的也大都是江南士人，如王安石及曾布为江西人，吕惠卿、章惇（dūn）为福建人。事实上，宋朝政府的收入十分倚重江南的商品经济，包括海外贸易。

自五代十国时期起，经济重心明显趋向东南。及至宋、元、明、清，东南经济重心已成定局，正如康熙帝所说：“东南财赋地，江左人文薮。”

② 宋·陆游：《渭南文集·论选用西北士大夫札子》。

十一　古代货币的沿革

西晋鲁褒在《钱神论》中曾写道："钱之为体，有乾有坤。内则其方，外则其圆。……亲爱如兄，字曰孔方。"从此，外圆内方的古代钱币，就被赋予了"孔方兄"的别称。

铜钱的形制

春秋战国时代，金属铸币开始流行。《国语·周语》就曾记载："景王二十一年（前524年），将铸大钱。"由于当时诸侯割据，各自为政，以致货币的形制各异。当时就有所谓"布币"、"刀币"、"圜钱"、"贝币（铜贝）"等多种形制的货币。这些不同形制的货币实际上反映了现实中的经济生产活动。如布币形似铲状的农具，刀币脱胎于刀形的渔猎工具，而圜钱的外形则由纺轮衍生出来。

布币、刀币、圜钱

秦始皇统一天下，也统一了币制，以"半两钱"作为统一流通的货币。他把原始形态的各种刀、布、贝币，统一在外圆内方的圜钱形制之下，使古代的主要货币"铜钱"的形制从此固定下来，并通行了两千多年。

西汉的货币制度，曾有多次改动。其中一次重要的改变，是汉武帝元狩五年（前118年）废除“半两钱”，改行“五铢钱”。由于“五铢钱”轻重适中，使用方便，所以它流通广远，直到唐高祖武德四年（621）才停止使用。它在七百多年间成为主要货币，是中国历史上流通最久的钱币。

贝币（铜贝）、五铢钱

唐代的钱币形制与前代相同，但不再以重量作为名称，而改称“通宝”，并冠以铸造年号。唐高祖武德四年（621），始铸“开元通宝”。“通宝”意指流通的宝货，反映了当时货币作为商品交换工具的意识有所提高。北宋王溥在《唐会要·泉货》中指通宝钱“轻重大小，最为折中”。事实上，通宝钱往往被后世用作铸钱的楷模。

纸币的出现

宋代的“交子”是世界上最早出现的纸币。交子最初发行于四川地区，是根据商品交换的需要，由商人出具收据形式的文券，临时填写金额，零星发行。后由若干富商联合发行，随时可以兑现。宋仁宗时，设置益州交子务，专职发行交子，自此交子便正式成为官方发行的纸币。后来的元、明、清各代都发行纸币，但由于政府有时未能很好地控制发行量，往往导致纸币贬值，最终形同废纸，

交 子

元朝末年滥发纸币是一个典型。

交子既是纸币，又是一种信用凭据。早在唐中叶，已经出现了这种信用票据。《新唐书·食货志》记载，唐宪宗时，商人在某地方政府存入资金，取得票据，便可以轻身上路，到另一地方政府凭据提取相等金额，用于买卖。当时这种票据称为“飞钱”，可说是一种具有汇款作用的信用形式。飞钱与交子不同之处，在于前者仅限异地的兑现，而后者则可以在一定的范围内流通交易。

白银的流通

在交子还未正式出现以前，大约在唐末五代时期，由于商品经济持续发展，交易渐趋频繁，商人逐渐需要比铜钱更轻便的贵金属来进行买卖活动。在这种情况下，白银的流通日渐成为市场的新趋势。到了宋代，白银的货币性质更见提高。当时商人购卖盐、茶等，可按比例以银代钱；而地方上的税项，也可以折算白银来征收。

明英宗时，又将浙江、湖广、福建等地的田赋米麦四百多万石折征银两，即所谓“金花银”。自此白银正式成为赋税的等价物，从而确立了法定的货币地位。《明史·食货志·钱钞》记载，嘉靖初年，“钞久不行，钱已大壅，益专用银矣”。可见，白银最终排挤了纸币，并取代了铜钱，成为货币的主流。自此至清末，货币的流通仍是以白银为主、铜钱为辅。

鲁褒还说：“钱之所在，危可使安，死可使活；钱之所去，贵可使贱，生可使杀。”金钱是否如此神通广大，难作定论。然而，明代文学家袁宏道《读钱神论》一诗慨叹：“古时孔方比阿兄，今日阿兄胜阿父。”似乎确能勾勒出现实中的世情。

十二　土地与赋税制度的演化

“溥天之下，莫非王土；率土之滨，莫非王臣。”在古代，君主拥有域内的土地和人民，并借两者征课赋税和徭役。从历史发展的轨迹来看，土地拥有权趋向于私有化，而国家对人身的控制也随之而逐渐变得宽松。

土地趋向私有，国家直接课税

西周的土地制度是所谓王田制，实质上是一种宗族所有制，以井田作为计算土地和征收赋税的单位。对于周天子来说，虽谓“溥天之下，莫非王土”，但他只是名义上拥有领土的主权，而土地的实际所有权则被诸侯、卿、大夫等大小宗主分层拥有。“井田者，九百亩，公田居一。”[①]一井分为九个方块，其中八块以私田形式分给八户耕种；土地的收益则来自八户合种的公田，并归入各层宗主的名下。周天子虽是领主，但只能接受诸侯国君的贡品，并不直接获取分封土地的赋税收益。

春秋时代，随着铁制农具和牛耕技术的广泛应用，生产力有所提高，部分农民开始开垦更多私田。同时，诸侯国之间的战争规模不断扩大，导致劳动人口不稳定。在这种情况下，井田制逐渐受到破坏。为了因应这种变化，各国开始进行大规模的田制和税制改革。在改革的趋势下，土地所有权逐渐由宗主转移到国家的名义下。而公田和私田的区别也逐渐淡化，最终一律都要纳税。

到了战国时代，随着郡县乡里制度的逐步建立，诸侯国取得了境内土地的所有权。在此基础上，各国诸侯纷纷实行授田制，给人

①《穀梁传·宣公十五年》。

民分配耕地。授田制的目的是要把农民约束在土地上，课之以税，役之以徭，征之以兵，从而增强国力。由于授田是一次性的，有授无还，所以随着时间的推移，土地又逐渐走向私有化。

国有私有并存，赋税性质转化

及至秦始皇三十一年(前216年)，诏告天下，“使黔首自实田”，允许农民自由开垦荒地，开垦之后即归私有。这诏令意味着授田制的终结，也标志着国家对土地私有制的承认。当然，让人民自由开发的只是国有荒地的一部分，许多山林川泽仍然是由国家控制经营的。从整体看来，当时的土地制度是国有和私有并存的，其后历朝莫不如此。

土地私有化也直接影响到赋税制度。授田制下，土地国有，农民从国家手中领得土地，把土地上的部分物产上缴国家，这些税项又用于国家的军政开支，所以税项既具有地租性质，又具有赋税性质，可谓租税合一。但随着国有土地向私有土地的转化，国家对土地只有行政管理权，上缴国家的部分土地收益只具有赋税性质，而不再具有地租的性质。至此，租和税开始分离。

土地私有法权认可，人头税并入土地税

两汉时期，土地私有制虽然得到进一步的巩固和发展，但这时土地国有的色彩仍然比较浓厚。国家不但拥有山林川泽、无主荒地

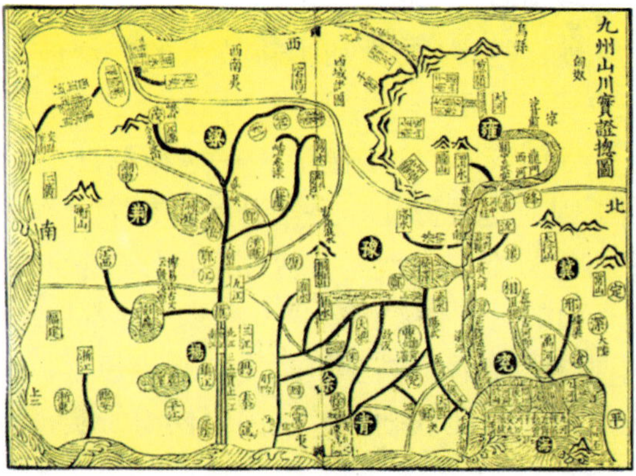

山川图

的所有权和使用权，还掌握着所有土地的终极所有权。汉武帝直接占夺商人的土地，以及王莽新政中主张的土地“王有”政策，都能说明当时所谓的私有地权，还只是一个不完整的法权观念。

自两汉以后，古代的土地制度经历过三国时的屯田制、两晋南朝的占田制，以至北朝隋唐的均田制。这些制度基本上都是延续着土地私有化的趋势，而赋税则以按丁或按户征收为主。后来，土地兼并越来越严重，失去耕地的流民又导致户籍不清。在这种情况下，唐代中叶推行两税法，开始把税基转移到田产。而明代的一条鞭法又将力役并入田赋。到了清代实行“地丁制度”、“摊丁入亩”，更是完全把人头税并入土地税了。这时候，土地私有化的发展也到了成熟阶段，标志着国家对土地私有的法权认可。

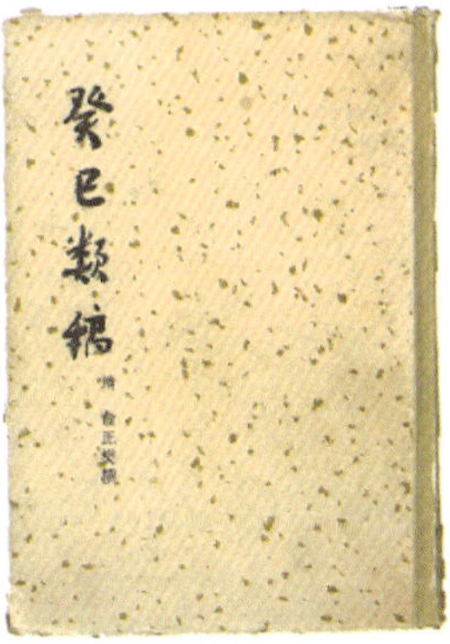

《癸巳类稿》书影

后来，人头税的概念也就逐渐失去实际用途，在人们的印象中也变得模糊了。诚如俞正燮《癸巳类稿》所说，文人从古书中看到“丁赋”之谓，但却不能从现实生活中找到对应的事物，甚至疑惑“古人何故做此语”。

十三　土地兼并现象

《汉书·食货志》指出，土地私有化后，土地买卖渐见蓬勃，形成土地兼并现象，以致“富者田连阡陌，贫者无立锥之地”。

土地私有促成

战国时代，各国推行授田制，农民得到国家授予土地，子孙承袭，以为世业。从此，土地私有化的趋势逐渐形成。土地既为私有，便可转让买卖。据《韩非子》的记载，当时已有土地买卖的活动，并为统治者所允许。乘着土地私有化的趋势，社会各阶层都极力拓展自己的私有土地，形成了延续于整个古代历史的土地兼并现象。

土地买卖是人们增加私有土地的主要途径。如《汉书·司马相如传》就曾记载司马相如和卓文君夫妇“归成都买田宅成富人”的事。此外，也有不少人是以强取豪夺的方式来获取土地的。《史记·淮南衡山列传》就记载了衡山王刘赐“数侵夺人田，坏人冢以

耕　地

为田”的例子。进行土地兼并活动的人主要是官僚、商人及地方豪强，他们贪多务得，觊觎农民耕地，乃至国有山泽。在土地兼并的风潮下，受害者就是那些处于劣势的个体农户。他们承受着天灾的威胁、重税的敲诈，以及富户强宗的压迫，往往要“卖田宅，鬻子孙”，丧失生产资源，成为流民或奴仆。

兼并成为趋势

针对土地兼并的现象，汉武帝时的董仲舒、汉哀帝时的师丹等人曾先后提出限田的主张，以塞兼并之路，但均未奏效。原因是“土田布列在豪强，卒而革之，并有怨心，则生纷乱，制度难行”[1]。意思是说限田的主张侵犯了既得利益者，唯恐他们借故生乱。王莽篡汉后，颁布了“王田令”，禁止土地买卖，并要求土地拥有者将多余的土地转让给农民，结果招致朝野上下的反对，最后只得撤销禁令。这些例子都说明土地私有制的发展已成定局，而土地兼并也成为一种难以改变的现实。

西晋灭亡后，北方士族带着他们的财富、佃客、部曲[2]等迁移到江南地区，凭借政治优势，到处求田问舍；或收买，或强夺，又从君主手中获得大量赐田。他们甚至侵占国有的山川林泽，而朝廷屡禁不止。及至南朝刘宋初年，朝廷不得已颁行“占山法”，允许官员依品阶占有不同面积的国家土地。这是朝廷首次正式承认私人对国有山泽的占有权，把原来士族、富商及豪强的占地行为合法化。这种政策，无疑对土地兼并现象起了推波助澜的作用。

由北魏开始推行而发展到唐初颇为完善的均田制，虽然规定了占田的限额，但对土地兼并的制约作用实际上是有限的。土地兼并持续进行，逃户和流民依然不断涌现。及唐天宝年间安史之乱起，均田制废弛，此后历朝政府再也无力均田限田。为了减低户籍流失

---

① 东汉·荀悦：《汉纪》。

② 部曲：东汉末，部曲为世家大族私人武力的代称，作战时是部曲，平时是佃客，私属色彩浓厚。魏晋时，普遍指家兵、私兵，地位卑微，视为“贱口”，身份高于奴婢，低于平民；隋唐承继南北朝，进一步规定部曲可以有自己的财产，但没有独立户籍，对主人有主从名分。此时，部曲和军事组织无关，而与土地有较密切的关系。以后由于政府对户籍的整理等原因，以部曲身份为奴的数量渐少。

对税收造成的损失，统治者逐渐把征税的依据转向于固定的土地。唐中叶的两税法开始把税基转移到田产，宋代又把户税并入了田税，而清代更干脆把人头税并入了土地税。税制的演变发展，实际上是逐步接受了土地私有的现实，允许土地买卖自由，等于默认了土地兼并的合法性。

地权相对分散

古代土地兼并的现象虽然很普遍，但整体的地权结构还是相对分散的，并没有出现极端集中的情况。

古代的大地主主要是官僚和商人，或者是二位一体的身份。他们并没有贵族世袭下那种稳定的经济和政治保障。无论在政界或商界，他们都处于升降浮沉的境况之中，其权势和财富也会随之增减损益。因此，他们所拥有的土地也就有盈虚丰歉之时了。所谓“贫富无定势，田宅无定主”[③]，“古田千年八百主，如今一年一换家”[④]等语，就是反映这种现实。

此外，传统的家产继承法流行诸子均分制度，“田业生赀，平均如一”，土地在代代相传中不断被分割，从而化整为零。事实上，传统的大地主家庭，往往又是子孙繁茂，最后各自分赀成家的。

今天，社会变迁，经济转型，财富的积累不像古代那样多依赖于土地，财富的多寡也不再以拥有田产的数量来衡量，即使是富者，也未必是田连阡陌的了。

田野与村庄

③宋·袁采：《袁氏世范》卷三。
④宋·罗椅：《涧谷遗集·田蛙歌》。

十四　贾而好儒的徽商

明代白话短篇小说集《二刻拍案惊奇》中有一篇故事，叙述徽州商人程宰，远赴辽阳经商期间，得到海神暗中帮助，屡次买卖都获得厚利，四五年间便积银数十万两。

现实中的徽商，虽不可能如小说所描述般有神的帮助，但他们确有其独到之处。

《二刻拍案惊奇》书影

经商传统

明清时代的徽商是历史上一个独具特色的商人群体，他们把商业活动与传统文化结合起来。这种结合不但使徽商成为一个成功的商人群体，在明清时代兴盛了三百多年，而且在经济史上留下了独具传统文化特色的经营之道。

徽商的这一特点是在既有经商传统，又有儒学文化传统的徽州地区孕育出来的。古徽州位于皖南山区及赣东北一隅，山多田少，土地贫瘠。自东晋以来，逐渐形成外出经商的传统。明代商品货币经济的发展和资本主义萌芽的成长，使具有经商传统的徽人有了更为广阔的经商空间，外出经商形成大潮，徽州成为商贾之乡。

徽州群山环绕，自古以来，极少受到战乱的祸害。因此，自东晋以来，徽州便成为中原世家大族逃避战乱的“世外桃源”。这些中原大族也为这地方带来了文化和学术传统。后来的南宋理学家朱熹就是徽州婺源人（今属江西省）。徽州人以此为荣，并因而更加崇尚儒学。

讲求诚信

清代徽籍学者戴震说他家乡的商人“虽为贾者，咸近士风”，就是说徽州的商人具有儒者的风范。而这种“贾而好儒”的特色，主要表现于身为商贾，却遵循儒家的伦理道德来行事。

徽商多认为商人应以道德经商，体现出高尚的品格。他们认为以狡诈的手段求得财富，从整体的商业利益来看，只能取得眼前的短暂利益；假如要建立稳固的商业基础，就必须讲求诚信，取得顾客的充分信任，并让其他的交易伙伴有利可图。同时，对待雇员下属也要推心置腹，体恤关怀。

不少徽商研习传统文化典籍，有的甚至精通经史，背诵如流。徽商中有些年轻人，一边经商一边读书，准备以后参加科举考试，进入仕途；或有志于成为儒者，执教于书院，著书立说。而更多的徽商精研古籍，是为了建立个人的品德修养，以期实践于商业活动领域，提高经商能力。如明代徽商黄玑芳就曾指出，《尚书》中提到“有忍乃济”之言，让他领悟到“诚”与“忍”二字均为立身营商之要；而汪拱乾则受到《史记》所载的陶朱公的启发，学会“能积能散”的经营之道，一次焚券达数千张，消除了不少交易对象的债务困难，从而建立了一个亲善的商人形象，由是客至如云。此

徽州城一隅

外，徽商们爱好传统文化和艺术，也有助于他们与文人学士唱和，以及与达官显宦的交往，从而提高他们的地位和声望。

重视教育

徽商重视教育，投资办学，不惜财力。明清时代，徽州书院之多，居全国之冠，其中部分书院是盐商捐资建造的。例如歙（shè）县大盐商鲍志道曾捐资三千金修建紫阳书院，又捐八千金修建山间书院。值得注意的是，当时在徽州已成立了类似现代的教育基金。清代嘉庆年间，黟（yī）县商人集资建成碧阳书院，并以余银六万两购买盐引①，每年生息三千六百金，用于聘请教师、生童住宿、应试旅费等开支。

话说程宰初次遇上海神时，海神曾变出满屋金银。程宰见了，立时动心。但当他正要去取时，海神便教训他："此是他物，岂可取为己有。你若要金银，可自去经营，吾当暗暗助你。"这个情节，正是寄托了"君子爱财，取之有道"的徽商精神。

今天的商业社会里，充斥着不少假冒伪劣的产品，隐藏着许多诈骗的伎俩。为了保障社会整体的经济利益，与其仰赖海神的眷顾，倒不如坚持法制的执行，并提倡道德的濡染。

徽州春景

①明初政府需要把粮食运到北方边境的驻军，于是拿食盐做抵押，以换取商人的服务，替政府把粮食运往北部边境。运粮后，商人可获得一纸票据（盐引），借此到两淮的盐场换盐。因此盐引有国债的性质。

十五　官营手工业的局限

《庄子·逍遥游》在谈到"无用之用"的道理时，曾经提到宋国有一民间匠户，世代以漂染丝絮为业。这家匠户的独到之处，就是发明了一种"不龟（jūn）手之药"，让他们可以在长期浸泡双手的情况下，不至损害手部皮肤。这种药方正是匠户得以世代借漂染为业的关键。

经济垄断

《国语·晋语》记载："公食贡，大夫食邑，士食田，庶人食力，工商食官。"晋代韦昭注："工，百工；商，官贾也。"说明春秋时期的工商业活动是以官营为主的。这时候，手工业的产品绝大部分是为了满足皇室贵族和国家军政的需要。

官营手工业的工匠包括早期的奴隶、刑徒、役夫和佣工等。由于生产者缺乏人身自由，又没有图利致富的空间，所以生产的积极性相对低落。随着诸侯国的消长兴亡，不少工匠流散于民间，成为

古代煮盐情景

个体手工业者。虽然个体手工业者在古代经济结构中长期存在，但只占一个很小的比重。

到了汉代，官营工业的产品逐渐扩展到国计民生领域，其中最典型的是盐、铁的经营。《汉书·食货志》记载王莽的诏书曰：“夫盐，食肴之将；酒，百药之长，嘉会之好；铁，田农之本。……铁布铜冶，通行有无，备民用也。此六者，非编户齐民所能家作，必卬于市，虽贵数倍，不得不买。”很明显，这是政府垄断经济的手段，既可以增加财政收入，提高政权的经济实力；又可以抑制民间商品生产的发展，从而稳定小农经济的局面。

匠籍制度

魏晋南北朝时期，政府对民间工业采取了严格的控制措施，给民间工匠另立户籍，世代相袭，并规定不许改业，进而隶属于官府，强制性地为官方服役。这种剥夺人身自由，强制服役的措施，引发不少逃亡、反抗的事件。

元代，匠籍制度的束缚进一步收紧，匠户不但被强制世代劳役，而且在工作时更会受到严密的监视，甚至遭受鞭笞。《明史·食货志》指出，明代民户分为三等“曰民、曰军、曰匠”，匠户最为卑贱，仍须不时轮番作廉价的劳役。

在匠籍制度下，督调官员管理混乱，经常虚报工匠数目，私下奴役工匠，侵吞钱粮。而工匠不堪劳役，每多逃亡。此外，据《明英宗实录》所载，当时每次值班虽说是三个月，但若遇上作坊离家居路程遥远时，往返动辄经月；既虚耗时间，又浪费盘缠，十分扰民。同时，匠籍世袭，无从改业，不少工匠勉强应值，非其所愿，工作效率和产品素质就难以保证了。而且，轮班制度保守，班次严格，人数固定，根本无法适应变动不居的市场现

手工业作坊图

实，以致工匠赴班，或无工可做，或工役倍增，不胜其扰。这些因素，不但导致官营手工业的衰落，而且也严重妨碍了民间手工业的正常发展。

雇募形式出现

到了明代成化二十一年（1485），朝廷实行以银代役，名为“匠班银”。但这只算是改变了剥削的方式，并没有从根本上解脱工匠的徭役义务。同时，官方又以其他名目去役使工匠。如在缎匹织造行业中，官方采用“领织”的名目，以低廉的价钱役使民间织户，又克扣钱粮。明代崇祯年间的《松江府志·织造》记载，官方往往拖欠生产成本，以致匠户要捐产揭债来完成生产工作，最后资本无着。

到了清初顺治二年（1645），清廷明令废除匠籍制度，同时免征匠班银，但这政策在实施上存在一些反复，没多久又恢复征收匠班银，以致工匠还未能彻底摆脱徭役的负担。及至康熙年间，朝廷逐渐把匠班银摊入地税，取消徭役上的丁银征收，工匠才最终摆脱了徭役的束缚。在这种情况下，官营手工业才真正废弃了徭役制度，转而实行较为合理的雇募形式；民间的手工业才得以摆脱政府的干预，走上一条比较正常的发展道路。

宋国匠户“不龟手之药”的药方，后来以百斤黄金的价钱卖给了商人。商人向吴王推荐，用于水战，结果大败越国军队。而商人也因此而得到吴王封地的赏赐。要是匠户隶属官家，在强制劳役的机制下，缺乏创造性和积极性，不但没有渠道去赚取百斤黄金，而且也未必有心思去研制“不龟手之药”了。

十六　官贾对私营商业的制约

北宋名臣范仲淹曾赋诗为商人辩护："上以利吾国，下以藩吾身。周官有常籍，岂云逐末人。"[①]既然商人有利于家国，又何以屡受抑制呢？

官营制度

人类发展的早期阶段，人们以采集和狩猎为生，没有剩余物资，所以不存在商品交换活动。及至农业兴起，偶有剩余物产，便出现以物易物的个别现象，是为原始的商业交换。随着农业生产力的提高，社会分工趋于细密，以及自然环境差异所导致的产品地域性差异，商品交换便趋于频繁。

商周时期，存在官营的商业机制，也就是"官贾"。据《周礼》所载，官贾既包括在各级行政部门供职的商人，他们主要负责部门的采购工作，鉴定各类物资的品质和价格，偶尔也会出售剩余或报废的物资；又包括专门为官府管理和经营市场的商人，他们一部分是官方任命的市场官员，一部分是为官府服役的商人。当时的商业经济以官营为主，民营商业的发展空间很有限。

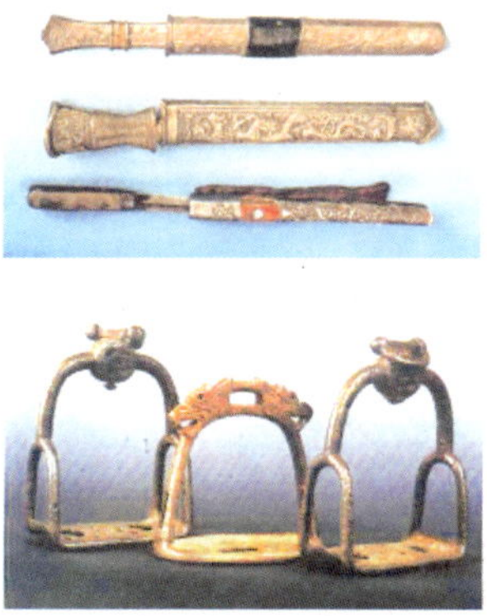

古代铁制器物

及至春秋战国时期，随着周室的衰微，官营制度也开始瓦解。当时，由于商业市场一时失去了官方的全面制约，

① 宋·范仲淹：《范文正公集·四民诗·商》。

所以民营商业得以占有一定的发展空间。汉代司马迁《史记·货殖列传》记载，战国时民营商业发展蓬勃，如鲁国的猗顿、赵国的郭纵，分别经营盐、铁的生意，都成了富商。

专卖政策

随着私营商业的迅速发展，越来越多的人在逐利意识的驱使下，放弃农业生产，转投商业经营。商人居无定所，难予课税。这种趋势直接削弱了国家的粮产和税收，威胁到国家的经济稳定。而统治者在当时列国争雄、弱肉强食的政治形势下，都意识到提高国家经济实力的迫切性。因此，列国为了富国强兵，纷纷进行经济改革；除了加强农战实力外，还注重官营商业的发展。这方面表现得较为突出的是秦国。秦国的商鞅推行变法，主张国家独占山泽之利，实行盐铁专卖，操控粮食价格等。事实上，这些政策的确增强了秦国的经济实力，奠定了统一天下的物质基础。

汉初虽然重农抑商，但由于奉行“黄老无为”的治术，却也相对放宽了私营商业的发展空间，“纵民得铸钱、冶铁、煮盐”[②]。自由放任的经济政策，造就了大批富商大贾。汉文帝时，受封诸侯吴王刘濞招揽工商人士，私自铸钱煮盐，扩张势力，图谋篡位，最后演成“吴楚七国之乱”。汉武帝继位后，对外连年征战，对内大兴土木，耗费甚巨。他为了增加朝廷的财政收入，以及消除富商大贾对中央政权构成的威胁，透过盐、铁、酒专卖等措施，强化了官营商业的机制。从此，民营商业的发展空间便长期受到制约，在古代经济结构中只保留着一个附属性的地位。

官民互惠

私营商业的发展空间虽然长期受到制约，但工商业的整体发展仍是大势所趋。事实上，政府从工商业所征收的间接税也很可观，并逐渐意识到官民互惠的合作空间。

唐中叶，盐铁使刘晏推行“榷盐法”。“榷盐法”有别于以往政府对盐业的垄断经营，只保留政府对食盐的生产和批发两个环

②汉·桓宽：《盐铁论》。

节，让民间商人享有充分的分销权。由于批发价已包含税收，因此政府在减低运销成本的同时，也保障了一定的收入。而民间盐商被零售市场的利润所吸引，便积极投入贩运的活动，加快了专卖商品的流通。这种官民合作的经营方式，既能发挥互惠互利的作用，也促进了商品经济的发展。后来，北宋宰相王安石在推行官民分利的专卖制度时，曾强调“公私皆贩卖之人”[③]；而明代实行“开中法”，由商人应募为政府运送粮草，以换取食盐的销售权，也被认为是“商利而民亦利，国足而边亦足”。这些都可说是官民合作意识的延续。

盐沼内的天然盐坨

王安石还指出：“盖制商贾者，恶其盛，盛则人去本者众；又恶其衰，衰则货不通，故制法以权之。”[④]可见古代所谓的抑商，其实并不是要全面打击商业活动，只是企图透过对商业的控制，来提高政府的管治效益而已。

③宋·李焘：《续资治通鉴长编》。
④宋·王安石：《王文公文集·答韩求仁书》。

十七　商品市场的发展

东汉应劭《风俗通义》记述："夜籴。俗说市买者当清旦而行，日中交易所有，夕时便罢。今乃夜籴谷，明其痴呆不足也。"说明当时的商品市场管理严格，只能在白天的固定时间内营业。所谓"夜籴"，是指人晚上入市购买谷米，实不符市场贸易的实际；时人借此比喻愚鲁的行为。

市场规范严格

秦汉时期，郡、县两级治所均须筑城立市。这些城市由城垣和城门、宫室和官署、里闾和街道，以及市场所组成。市场往往设在城内的北部，或其他特定区域，与官署、民居等区域严格划分开。

当时官府为了便于控制和管理城市的商业活动，便在市场区域的四周筑起围墙，称做"阛"，市门则称做"阓"。后来，"阛阓"便成为市场的通称。此外，市场内的通道称为"隧"。隧的两侧为"列肆"，一般按商品种类陈列商品。而且，市内又有纵横交错的市宅，为商贾的住所。另有堆积货物的店房、邸舍，称做"市廛"。

当时管理市场的官吏称"市吏"，又有评议市场物价的"平丞"。东汉时还设有"市掾"，负责高居市楼俯察市场的运作。此外，在市场营业的商贾，必须由官府登记，注明"市籍"，并由"市啬夫"根据市籍向商贾征收"市租"。可见，政府基于市场操控的考虑，对商人及市场的管理是十分严格的。而秦汉时期确立的这套郡县城市的市场建置和管理模式，奠定了魏晋南北朝及隋唐时期同类市场的基础。

及至唐代，市场管理制度愈趋严密。据《唐六典·州县官吏》所载，当时规定州县的市场官吏不得由本州、本县人担任，以防市官利用当地姻亲关系徇私舞弊，偷漏税款；又规定凡奴婢及大宗牲畜的买卖必须立券，注明交易详情，并经官府验证，市吏押署，方为有效。

唐都长安西市的繁华景象

坊市分隔及昼夜界限的突破

商品经济本身具备内在的发展规律，即使历朝政府不断强化对商品市场的控制，但仍难以阻止市场在既定的制约下做出突破性的发展。

早在东晋、南朝时，商品贸易一般虽在特定的市场内进行，但受南方地理环境的制约，正如六朝名都建康等城池，往往依山傍水，空间紧凑，以至民坊与市廛不容易严格分开。此外，建康城中的王公贵族，官僚富商，每每广置邸舍，以存放货物或从事买卖；而这些邸舍有的设在私府，有的设在水陆码头，并未都置于市场区域。及至唐初，市和坊的分野愈见模糊，不少商店就设在民居里坊之中。如长安城的宣阳坊中就设有彩缬铺，延寿坊内又有卖金银者。到了宋代，坊市分隔的体制可说已经被冲破。据宋人孟元老《东京梦华录》所载，当时就连皇帝专用的御街御廊，也设市交易，这在前代是不可想象的。

另外，商品市场也逐渐突破了经营时间的限制，从白天定时开市逐步扩展到规定时间以外的经营。早在东汉初，桓谭的《新论》就已提到“夜市”的概念。及至唐代中叶，夜市在长安等大城市普遍发展起来，以至“昼夜喧呼，灯火不绝”①。而宋代的商品市场更进一步突破昼与夜的界限，“夜市直至三更尽，才五更又复开张”②。

市场的扩张及新市镇的兴起

城市商品市场的蓬勃发展，吸引了农村人口的流入；而市区人口的过分膨胀，又迫使部分无根人口转移到城郭之外谋生。随着城外工商业人户的增加，城市的范围不断扩张。北宋画家张择端的名作《清明上河图》，主体部分的虹桥虽离城七里，但仍商贾不绝，展现了开封城内外相连的市井风貌。

另外，在各地乡村通往城市的交通要道上，往往自发形成交易城乡物资的草市。这些草市定期开市，聚散有时。随着城郊商品经济的扩张，草市逐渐聚集行商坐贾，形成固定的贸易场所，最终发展为新兴的商业市镇。宋代不少市镇的发展规模，往往超过了县级甚至州级的城市，并在全国的贸易税收中占了很大的比重。如江西的新平镇，瓷器生产和贸易发展蓬勃，受到宋真宗的关注，并赐年号“景德”为镇名。

清明上河图（局部）

中唐诗人王建这样描写汴梁的夜市：“水门向晚茶商闹，桥市通宵酒客行。”③在蓬勃发展的商品市场中，茶商酒客，各得其所。如此夜市，实在难以再次让人联想到“痴呆”之讥了。

---

① 宋·宋敏求：《长安志·记崇仁坊》。
② 宋·孟元老：《东京梦华录》。
③ 唐·王建：《寄汴州令狐相公》。

十八　对外贸易的张扬敛抑

清乾隆年间，英国派遣马甘尼（G.Macartney）带备礼物使华，欲与清廷交涉贸易事宜。当英使船队抵达天津时，中国官员硬是把写着“英吉利贡使”的旗帜插上英船，使团带来的礼物亦被改称为“贡品”。此等举措颇使马甘尼尴尬。

尽管自明中叶以来，由于世界大势的推移，中外贸易冲突颇多，但在古代中国，对外贸易曾因丝绸之路的畅通而大盛。

陆上丝绸之路

汉武帝时，国势强盛，与外国的交流也愈见频繁。公元前138年至前119年，汉武帝两次派遣张骞出使西域。当时的西域，狭义指今新疆地区，广义也包括葱岭以西的中亚、西亚、东欧，以至非洲北部等地区。两次出使的结果，建立了中国与西域诸国在经济交通上的联系，开拓了后来称为“丝绸之路”的中西交通路线。

敦煌壁画上的商旅

唐初，丝绸之路的发展可谓达到鼎盛的时期。当时沿丝路来到河西诸郡（甘肃西部）进行贸易的国家达四十多个，居留在长安的外国商人也有四千多家，而中国商人沿丝路往西域诸国进行贸易的更是络绎于途。

海上丝绸之路

古代的对外贸易，除了西北的陆上丝绸之路外，还有东南的海上丝绸之路。

据《汉书·地理志》所载，西汉时还开辟了长途的海上航线。当时，中国商船从广东徐闻、广西合浦等地出发，沿着南中国海南行，途经苏门答腊、缅甸、印度、斯里兰卡的海岸，以黄金及丝绸、瓷器、茶叶等交换诸国的明珠奇石。

唐代的海上贸易也盛极一时。当时大量波斯和阿拉伯商人东来，并在沿海主要港口形成"蕃坊"的聚居点；而朝廷则在广州设置市舶司，专门管理对外贸易的事务。及至宋代，东南海路大开，朝廷在广州、泉州、杭州等八处①设置了市舶司，专责对外贸易，招徕客商。

据北宋朱彧（yù）《萍洲可谈》所载，宋代海舶已利用罗盘辨测方向，这种技术后来经阿拉伯人传到欧洲。泉州市舶司提举赵汝适根据外商的口述，集成了《诸蕃志》一书；广西静江府县尉周去非则写成《岭外代答》。两部书对中国与南洋各国的通商航道，以至经商生活都有详细而生动的描述。

明代初年，郑和先后七次率领船队出使"西洋"，遍历印支半岛、马来半岛、南洋群岛、阿拉伯半岛、红海，以至非洲东部，既为显耀国威，也为朝廷经营朝贡贸易。郑和率领的宝船为当时世界上最大的海船，每次都有大批随行者，多时达两万多人。他们携带大量金银、绸缎、瓷器、宝钞等，换来各地的特产，故名为"宝船"。

中西贸易冲突

从明中叶开始，欧洲殖民者开始从海路东来，以期通商贸易，开拓市场，掠取资源。明末清初，中西海上接触渐见频繁，主要国家包括葡萄牙、西班牙、荷兰与英国等。

面对西方的拓殖者，清初政府显得应变无方，只是按照自己的一厢情愿来限制对外贸易。这一方面是由于中国的社会经济，向

① 另外五处是明州、密州、秀州、温州及江阴。

来为自给自足的小农经济，不假外求，认为对外贸易无关轻重；另一方面，是由于清统治者向来有一种自大心理，以“天朝上国”自居，而昧于世界形势，对当时西方列强工商业的突飞猛进与殖民主义毫无认识，依然视与外国人通商贸易是为“嘉惠远人”。此外，实亦由于担心外商滋事，因为自明中叶以来，一些西方拓殖者在东南沿海各地滋扰生事，迹近海盗。

清初政府对中外贸易的限制，在乾隆年间趋严，即限定广州独口通商，规定一切贸易必须经过公行[②]，并颁行了对外商的一系列禁

广州十三行

例[③]。这也就是近世学者经常提到的所谓闭关政策了。

清政府不愿敞开中国的大门，西方列强则急切要将之打开，中外冲突由此而生。这种冲突由通商贸易而起，又具有外交、政治属性，直接间接地酿成了中英鸦片战争，传统的中外贸易情势一变。

乾隆皇帝在热河避暑行宫高高在上地接受英使马甘尼的晋见，因其不肯行跪拜之礼，只行英式的屈一膝礼而龙颜不悦，他当然不可能想到，半个世纪（1793年至1842年）之后，在南京下关江面的英国旗舰上，英方全权代表璞鼎查对道光皇帝派来议和的钦差大臣是怎样的傲慢无礼了。

② 公行：亦叫十三行，是一种对外贸易组织，负责统制对外贸易，兼为外商与中国官吏交涉的中介。

③ 禁例包括外国商人不得携带武器，不得在广州过冬，不得坐轿和乘船游玩，以及外国妇女不得进入广州等。

十九　海外华侨的流布

日本徐福公园内的徐福像

据《史记》的《秦始皇本纪》及《淮南衡山列传》所载，秦始皇曾派方士徐市（又称徐福）带领数千童男童女泛海东渡，寻求长生不死的药方。结果，不但药方没有找回来，就连徐福本人也流落在“平原广泽”而未归。有人认为“平原广泽”就是日本。事实上，日本史书《神皇正统记》也有徐福涉足日本的记载，而日本和歌山县新宫市还建有“徐福祠”、“徐福墓”。如此看来，徐福可能是华侨的先驱。

海外谋生

自秦汉到隋代，中国政府为了加强政治上的影响力，以及发展对外的贸易关系，既通过陆路与西域各国建立了密切的联系，又凭借海路与南洋、印度和日本进行了一定的交往。

及至唐初，随着中外交往愈趋频繁，便开始出现大批的中国人旅居国外，长期从事商业和手工业活动。北宋朱彧《萍洲可谈》指出：“唐威令行于东南，故蛮夷呼中国为唐。”而旅居海外的中国人也因此而被称为“唐人”。唐代移居国外的华侨，主要是分布在西域国家、南洋群岛和日本；宋明时期的华侨则主要集中在南洋和日本。

除了在国外发展工商业之外，也有不少华侨移居外地是基于其他政治和经济因素的。在宋、元之交，以及明、清之际，很多汉人不愿臣服于异族的统治，而远徙他方。如清代屈大均《广东新语》记载，广东东莞人李竹隐，在反抗元兵南侵失败后，渡海到日本，教授诗书；不少日本人称他为“夫子”。另外，南明最后一个皇帝永历帝（桂王朱由榔）逃避清人的追逼，跑到缅甸；跟随他的部分官兵后来就在缅甸定居下来，其后裔自称桂家。

还有，不少中国农民由于承受不了地租、徭役、赋税及高利贷的压力而破产，失去了基本的谋生资源，被逼离开自己的家乡，成为流民。他们或跑到与邻国接壤处垦荒，或冒险出洋到海外谋生。

生活状况

侨居海外的中国商人，普遍受到礼遇。据史书所载，阇婆国（爪哇）厚待中国商人，“待以宾馆，饮食丰洁”[①]；渤泥（婆罗洲）则“尤敬爱唐人，醉则扶之以归歇处”[②]。北宋时，日本把中国商人安置于鸿胪馆[③]，供给饮食；日本一条天皇长德元年（995），把西来的七十位中国商人安顿在越前国（日本本州福井县、石川县一带）。南宋以后，日本奖励中日之间的贸易，在五畿之一的摄津国（日本本州大阪市、神户市一带）修筑别庄，专门接待中国的侨商。

寓居南洋的华侨，也逐渐融入当地社会。如来自福建漳、泉地区的爪哇华侨，“多有从回回教门受戒持斋者”[④]。除了接受当地的宗教信仰外，华侨也普遍和当地妇女通婚，建立起固定而集中的唐人聚落。

成就和贡献

暹罗（泰国）派往明朝的使节中，有好几位是由华侨充任的，如明宪宗成化十三年（1477年）暹罗赴华使者美亚，就是福建汀州人谢文彬，他以盐商的身份定居暹罗，后来在暹罗官至岳坤（相当

---

①《宋史·阇婆国传》。
②元·汪大渊：《岛夷志略》。
③鸿胪馆：招待外国使节的地方。
④明·马欢：《瀛涯胜览》。

日本的佛教寺院

于学士）。及至清乾隆年间，暹罗与缅甸发生战争，缅军攻入暹罗首都大城，华侨郑昭率领暹罗人奋起抗击，最后击退入侵者，更被拥戴为国王。郑昭在位期间，中国广东潮汕一带农民大批渡海到暹罗，形成了一股移民的浪潮。

明清之际，大批反清人士相率东渡日本，流寓长崎。当中包括晚明大将朱舜水。他被日本水户的藩主德川光国奉为师傅，以汉文编修《大日本史》，提倡“大义名分”，形成日本的水户学派。此外，福建黄檗山禅高僧隐元在郑成功的协助下东渡日本，把佛教黄檗宗传至东瀛，并改进了寺院的建筑和佛像的雕塑；隐元还带去中国医术和蔬菜品种，至今这些菜、豆还以隐元为名。

方士徐福东渡寻药不果，而高僧隐元却在日本创宗成佛，可谓代先贤圆梦。

从古至今，各地的华侨对侨乡的开发和建设所作的巨大贡献，实非单凭几片“隐元豆腐”就可以全面展现出来的。

二十　古代经济思想的现代作用

古代曾经出现过繁荣的商品经济，也积累了丰富的经济思想和理论。而古代的经济思想，在今天的社会仍然有一定的启发作用。

营商要素

据《史记·货殖列传》的记载，战国时魏国商人白圭曾提出经商的基本要素，那就是智、勇、仁、强。智，就是要具有随机应变的智慧；勇，就是要有不失时机、当机立断的胆识；仁，就是在钱财的取予上以仁义为标准，做到当取则取，当予则予；强，就是要有坚定的意志，有耐心，沉得住气。白圭认为上述条件是商人的基本要素，条件不足者，在商业活动中将难以有成。

白圭强调，自己的经商理论是得力于"孙吴用兵之术"的启迪。今天，源自《孙子兵法》的博奕理论，如"知己知彼"、"因利而动"、"避实击虚"等，被广泛运用于商业管理的范畴，可谓继承了白圭的经商理念。

商业道德

在商业活动中，人们都以获取最大利润为目的。由于商场如战场，竞争激烈，如果缺乏法制的约束，以及道德的规范，市场将会出现乱局，而经济活动也将难以正常进行。

古代经济思想十分重视商业道德。早在春秋末年孔子在鲁国当政时，就意识到市场的规范问题。《史记·孔子世家》记载孔子"与闻国政三月，粥羔豚者弗饰贾"，说明鲁国的市场经过孔子的整顿后，商品价格都清晰了。《孟子》也阐述了"市贾不贰，国中无伪”，“不欺五尺童子”的商业道德理想。古代的“义利之辨”，就是探讨公德和私利的关系。孔子主张“见利思义”，就是要求人们在逐利时要顾及公利和道德。“君子爱财，取之有道”，正是传统商业道德的原则。

现在中国市场愈见开放，经济活动愈见频繁。在处理经济活动中的假冒伪劣、坑蒙拐骗等现象时，除了法制的规管、政策的协调外，商业道德的建立和宣传也是十分重要的。

宏观调控

早在春秋末，范蠡就提出了调控粮食价格的主张。他提出由政府采取收购和抛售粮食的办法，使粮价保持在一个合理的范围内，从而平衡各方面的利益，以防“谷贱伤农，谷贵伤民”。

后来，《管子·轻重》提出了“重则至，轻则去”的商品流向规律，认为政府要引进某种商品，可以先行提高商品的价格，价格高，商品自然汇集起来；由于运来的商品增加了运输成本，难再承担因滞销而运走的损失，所以只好就地低价出售。这种理论每每运用于历代的救灾政策。

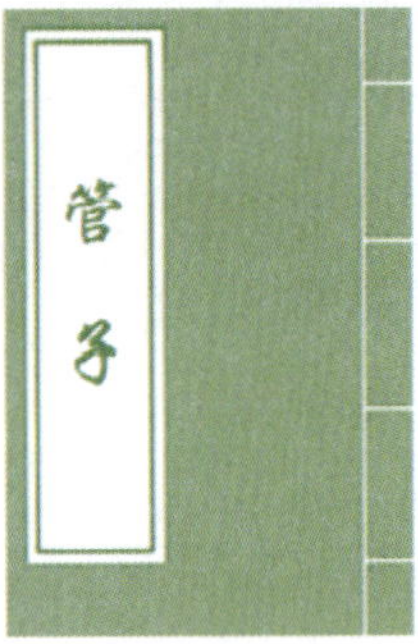

《管子》书影

此外，《管子》又提出借扩大消费以增加就业机会的主张，认为在水旱灾荒之年，人民收入减少，甚至不能耕种，政府应该修建宫室台榭，容纳土地上的人力资源。这种政策的形象表述是：“雕卵然后瀹之，雕橑然后爨之。”[①]就是说，先在蛋壳上雕上花纹，才煮来吃；先在薪柴上刻上纹饰，才用来生火。

北宋仁宗时，范仲淹在杭州，逢灾荒之年，“纵民竞渡”，自己也每天上西湖宴乐，又号召民夫兴建寺院，修葺仓库。有人告他的状，指他不恤荒政，嬉游不节，公私兴造，伤耗民力。范仲淹反驳说，宴游活动和建造工程的推行，都是为了增加就业机会，刺激经济。事实上，当时的相关政策制造了不少就业机会，也带来不少商机，惠泽数万人，以至两浙

---

①《管子·侈靡》。

间只有杭州能保持相对稳定的局面，安然度过灾荒。

今天，即使是最自由的市场经济模式，政府也需要做出适当的宏观调控，如调节资源开发的速度、控制资金的流向、稳定房地产价格、刺激消费意欲，以至维持经济发展和环境保护的平衡状态等，都可以舒缓市场变化所造成的波动，保障整体经济长期而稳定的发展。

1915年，贵州茅台酒参加巴拿马万国博览会评酒会，夺得金奖，此后更被誉为“国酒”。话说当时与会的中国代表，鉴于茅台酒包装简陋，不为评判所注意，于是情急智生，拿起一瓶茅台酒，佯装失手。酒瓶掷于地上，登时酒香四溢，才吸引了评判的注意。看来，这位中国代表应是深得白圭所言经商要素之个中三昧了!

贵州茅台酒

专题三

文学与人生

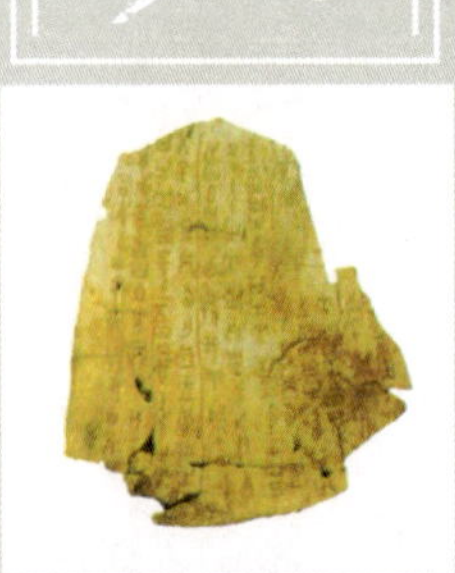

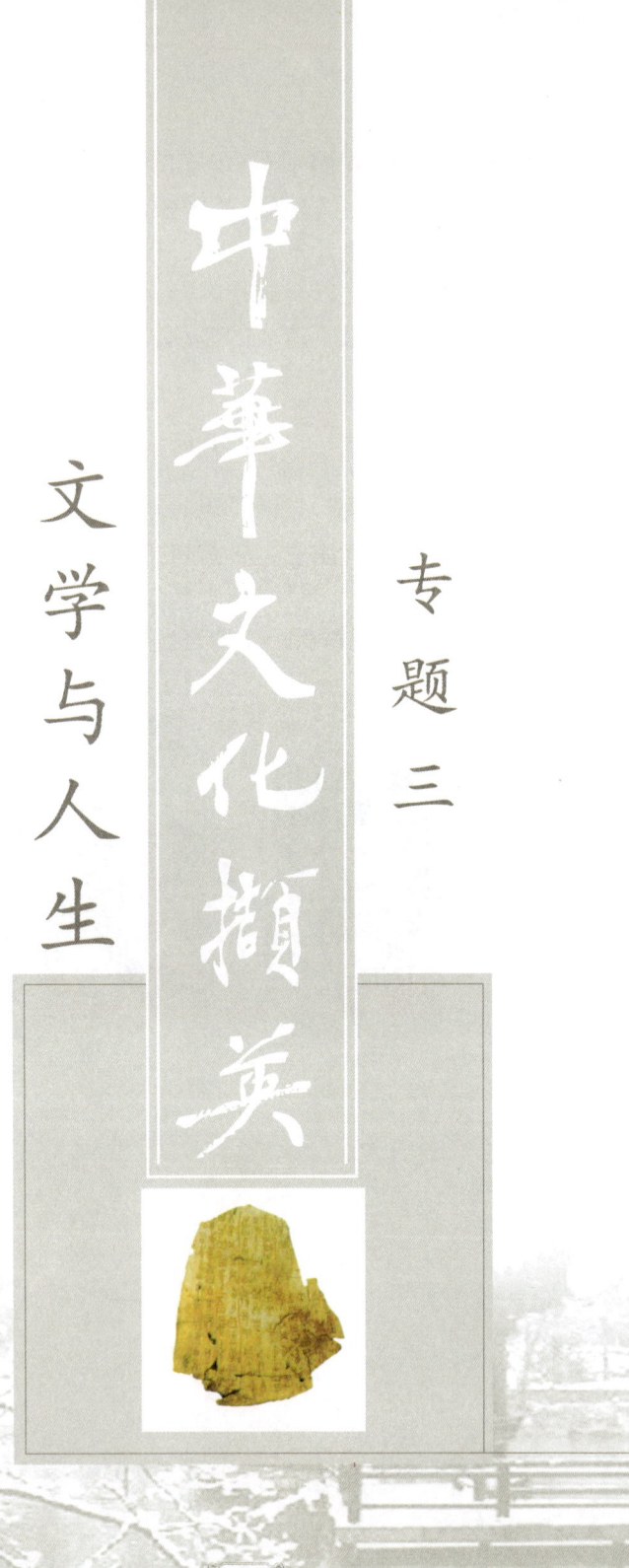

一　从《诗经》看周人的农耕生活

中华民族农业发展的历史悠久，考古发掘证明，在一万年前的新石器时代初期，中国人已开始从事农耕活动。

以农立国

周朝以农立国。远在西周初年流传的神话传说中，周民族就称自己的祖先为神农，并以拥有超卓的农业技术而自豪。

后稷画像

《诗经·大雅》有一组古老史诗，记述了周族的发祥和发展，其中《生民》一诗就记述了周始祖后稷的诞生和发明农业的历史。诗中描写周族女子姜嫄因踩了上帝脚印而怀孕，生下后稷。后稷生来就拥有栽培庄稼的特殊才能，他种植的瓜果豆麦是“麻麦幪幪，瓜瓞唪唪”，意指果实累累，收成丰厚。后来，后稷更发明了谷物种植，领导周人发展农业，周族因而日渐壮大。

《生民》一诗虽充满奇异的神话色彩，但却是古代农业社会生活的形象描绘，带出了中华民族以农立国的源流。

籍田典礼

按照周礼规定，每年春季，天子要举行亲耕仪式，督促农官率领农夫努力耕作，称为“籍田”，从中可见周王对农耕的重视。

《诗经》中的《噫嘻》一诗，便描绘了周成王春耕籍田，组织大规模农业生产的场面。诗中这样写道：

率时农夫，播厥百谷。骏发尔私，终三十里。

成王告诫官员要快快率领农夫，勤奋播种各样谷物，大力开垦田地，直到方圆三十里。

农桑耕作

《诗经》还有一部分作品是描写周代社会的农桑耕作之事，其中以《豳风·七月》篇幅最长，最具代表性。

《七月》以“七月流火，九月授衣”为开端，描述一年四季的农村生活。古代农民在正月开始修整翻土所用的农具，在严寒未退的二月下田干活；接着是养蚕采桑、搓麻织染、收割庄稼、打猎习武、修屋酿酒；然后是凿冰献祭，准备过年。《汉书·地理志》说：“豳诗言农桑衣食之本甚备。”的确，诗中生动具体地反映了周人的日常生活，而这种生活与农事是密不可分的。

出土的古代农具

思乡恋土

农耕生产培养了周人安居乐业、充满家园之恋的情感。可是，周王朝与外族之间的战争，使农业生产和家庭生活皆受影响，即使是在太平盛世，也要修筑城墙和镇守边地，防御外敌入侵。《诗经》中一首首有关战争、徭役的诗篇，由此而生。唐风《鸨羽》便

道出其中之苦：

王事靡盬！不能艺稷黍，父母何怙？
悠悠苍天！曷其有所？

官家的差事没完没了，服役者被迫长留异地，田园荒废，土地没人耕种，故不能奉养年迈的父母，使他感到痛心疾首。

同样，《魏风·陟岵》也是一首行役诗。在这首诗中，诗人的笔锋不直接描写役夫的感情，反而设想家人如何想念自己：

陟彼岵兮，瞻望父兮。父曰：嗟！予子行役，夙夜无已；上慎旃哉，犹来无止！
陟彼屺兮，瞻望母兮。母曰：嗟！予季行役，夙夜无寐；上慎旃哉，犹来无弃！
陟彼冈兮，瞻望兄兮。兄曰：嗟！予弟行役，夙夜必偕；上慎旃哉，犹来无死！

家中的父亲、母亲和兄长，以“犹来无止”、“犹来无弃”和“犹来无死”再三叮嘱亲人不要长留异地，不要葬身异乡，千万要平安归家。全诗读起来，曲笔而情深，充分表现战争带来的伤害，也带出了役夫思念家乡的情感。

周代以来的农业定居生活，的确“培养了中国人那种植根于农业生产的安土重迁、勤劳守成的浓重的乡土情蕴”。[1]这种安土重迁的情感，成为中华民族所独具的文化特色。

① 赵明主编：《先秦大文学史》，页267，吉林大学出版社，1993年版。

二　赋《诗》言志的雅趣

孔子在论到学《诗》的功用时，曾有过："诵《诗》三百，授之以政，不达；使于四方，不能专对。虽多，亦奚以为。"[①]意思是说，假使熟读《诗经》，却不能用于处理政务和外交应对，亦是枉然。孔子这样说，与当时上层社会的文化有着密切关系。

在外交活动中，以微言相感

班固《汉书·艺文志》说："古者诸侯卿大夫交接邻国，以微言相感，当揖让之时，必称《诗》以谕其志。"意思是说，春秋时期，诸侯公卿大夫，常在会盟、宴饮的场合，吟咏《诗经》，或互相赞美，或互相讽刺，或互相规劝，形成一种"赋诗言志"的风气。

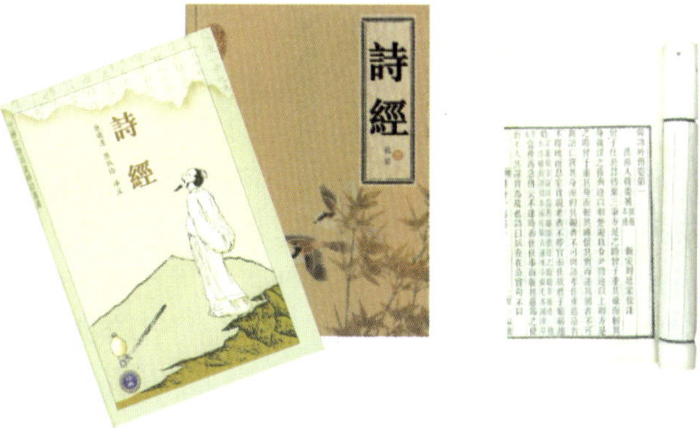

《诗经》书影

①《论语·子路》。

《诗经》能够在外交活动中起如此重要的作用，与其自身的内容和形式有关。首先，《诗经》所收的作品，内容丰富，题材多样，交往、爱情、婚姻、祭祀、宴饮、狩猎、农桑、战争等等，几乎无所不包，可以应用于各个层面，作为沟通情感、表达意见的媒介。其次，诗歌特性含蓄、委婉，语言优美精练，又可以入乐歌唱，较之散文的《易》、《书》更容易记忆和流传。以《诗》表达自己的意见，既可避免直话直说可能带来忠言逆耳的后果，又可借所引用诗句的艺术魅力，来巧妙地暗抒己志，把话说得既雍容文雅，又生动有趣。

表示友好、请求或讽刺

关于先秦赋《诗》的情况，《左传》的记载最多，诸子及《国语》也有一些记载。所赋的《诗》，有的取全篇，有的取几个章节，有的引一两句话，只要诗中有几个字与目前情景相符，或是这几句话的引申义能表达赋诗者的意思就可以了，不拘泥于诗的本义。正如朱自清所说："所取的只是句子的文义，就是字面的意思，而不管全诗用意，就是上下文的意思。"②

春秋赋《诗》言志的功用是多方面的，可大略列举如下：

第一，表达友好的意思。《左传》鲁僖公二十三年（前635年），秦伯接待出奔的晋公子重耳。宴席中，秦伯赋《小雅·六月》中的诗句："王出于征，以匡王国。"《六月》记载周宣王时，外族侵扰中原，大将尹吉甫率兵出征，大获全胜。秦伯以这两句喻重耳返回晋国后，定能振兴国力，并像尹吉甫那样辅佐天子。秦伯这次赋《诗》，最深层的意义是表达自己支持重耳返回晋国。

第二，表达请求的意思。鲁成公二年（前589年），齐、晋两国发生战争，齐国战败，便遣使到晋国求和。晋国大臣故意刁难，提出不少苛刻的条件。面对困局，齐国使者赋《商颂·长发》："敷政优优，百禄是遒。"意思是说，国君若施行宽容的政令，一切的福禄都会归于他了。在这里，齐国使者以诗劝勉晋君要以宽厚的态度治国及对待邻邦。晋君听后，无言以对。

---

②《朱自清说诗》，页21，上海古籍出版社，1998年版。

第三，表达讽刺的意思。鲁襄公二十七年（前546年），齐国大夫庆封到鲁国聘问，鲁国大夫叔孙宴请他。宴饮聚会中，庆封表现不够恭敬，于是叔孙就赋了《相鼠》一诗，以“相鼠有皮，人而无仪；人而无仪，不死何为”之句，讽刺庆封的失仪。

文明韵事，历代从风

清代学者皮锡瑞盛赞赋《诗》言志，认为：“此为春秋最文明之事。”[③]这种风气，无论是在当时还是在后世，对《诗》的传播都产生了深远的影响。赋《诗》本身就是诗的传播方式。当赋《诗》能够发生实际的政治效应时，习《诗》、用《诗》的风气便在诸侯国迅速兴起，从而《诗》成为时人最为熟知的周王室典籍。卿大夫赋《诗》的方法，也影响到《左传》的作者以及后世的古典文献整理者。《左传》中的“君子曰”即作者的评论部分，大量引用《诗》对所记载的历史事件加以评论，继承了卿大夫以《诗》用于政治批评的传统，从而扩大了原诗的含义。例如：《大雅·文王》其中两句“济济多士，文王以宁”，就见于《左传》、《荀子》、《管子》、《吕氏春秋》、《韩诗外传》、贾谊《新书》、《说苑》，以及《汉书》等典籍。古人引用这两句诗，目的各有不同。

《左传》书影

这种赋《诗》言志的文化，一直流传后世。时至今天，仍见诸外交活动上。例如：国务院总理温家宝出访时，就常爱引经据典。2006年9月5日，他在中南海接受欧洲媒体采访时，就吟咏了杜甫《客至》的两句诗“花径不曾缘客扫，蓬门今始为君开”，表达其喜悦心情。

③ 清·皮锡瑞：《经学通论》卷二。

三　从古诗看婚姻风俗

据说汉朝的朱买臣年轻时靠打柴为生，家境贫困。其妻受不了贫穷的生活，请求他将自己休弃。朱买臣尽力挽留，说自己十年后定能飞黄腾达。然其妻不为所动，掉头不顾，不久便另嫁他人。

看完这则故事后，或许你会满脑子疑问：古代社会不是很重视贞节的吗？为什么朱买臣的妻子可以再嫁？现在就让时光倒流，从《诗经》和汉乐府的作品中，看一看当时的婚姻风俗。

明媒正娶

《诗经》收录了不少爱情诗，从中我们可以知道周朝时，恋爱是自由的。《郑风·溱洧》一诗，就描述了郑国青年男女在溱水和洧水的河畔，结伴游春，互相逗趣，遇上心仪的对象，更“赠之以芍药”[①]，传达爱意。全诗读来真挚纯朴，表现了青年男女自由恋爱的欢愉，充满着浓厚的民间风情。

敲钟击鼓迎娶新娘

①《郑风·溱洧》：“维士与女，伊其将谑，赠之以芍药。”意思是说，青年男女边走边互相调笑，以芍药花相赠，传达爱慕之情。

恋爱是自由的，但要符合礼法，不可逾规。《关雎》篇描述青年男女在追求爱情的过程中，所幻想得到的是“琴瑟友之”、“钟鼓乐之”。意思是说，以弹琴鼓瑟去向恋人示爱，以敲钟击鼓迎娶她。这一切都是发乎情，止于礼。

此外，周代社会家长制婚姻已逐渐形成，娶妻必须依礼法行事。《豳风·伐柯》就拿砍伐斧柄作比喻，说明要娶妻子，不能没有媒人。诗的第一章说道：

伐柯如何？匪斧不克。取妻如何？匪媒不得。

没有斧头便不能砍树制作斧柄，没有媒人便不能迎娶妻子。这就是后世所说的“明媒正娶”。除了有媒人外，诗的第二章指出还要摆设盛筵，宴请亲朋，共享喜悦。

七出之条

中国传统社会非常重视婚姻制度，并尽量维持婚姻的稳定，不主张随便离异。然而，《诗经》和乐府诗中有一部分诗篇描写不幸婚姻，反映了当时妇女被丈夫遗弃的悲剧。难道古代也有离婚现象？当时的妇女又为什么遭抛弃呢？汉朝的《大戴礼记·本命》曰：

妇有“七去”：不顺父母（指公婆），去；无子，去；淫，去；妒，去；有恶疾，去；多言，去；窃盗，去。

原来，当女子犯下不孝顺公婆、无子、淫佚、妒忌、恶疾、饶舌和盗窃这七条罪行中的一条，丈夫便可以休妻。汉乐府《上山采蘼芜》是一首妻子被丈夫遗弃的悲歌：

上山采蘼芜，下山逢故夫。长跪问故夫：“新人复何如？”
“新人虽言好，未若故人姝。颜色类相似，手爪不相如。”
“新人从门入，故人从阁去。”“新人工织缣，故人工织素。
织缣日一匹，织素五丈余。将缣来比素，新人不如故。”

诗中描述弃妇上山采摘蘼芜时，在山脚下遇见以前的丈夫。妇人忍着内心的痛苦问：“新娶的妻子怎么样？”丈夫表示，虽然二人容貌差不多，但新娶的妻子手艺比不上昔日的妻子。既然弃妇如此贤惠，何故又被休弃呢？古人相信蘼芜可使妇人多子，女主角上山采摘蘼芜，暗示她是因为无子而被丈夫休弃的。

汉代，“七出之条”只是在家庭或家族礼教范围内实行，并未正式列入律法当中。但是，到了唐朝时，“七出之条”已经列入律法了。

再嫁制度

汉代女子被抛弃后，是可以改嫁的。汉代妇女再嫁之风颇盛，事实上，汉代人尚不以再嫁为非。西汉孔光曾说：“夫妇之道，有义则合，无义则离。”[②]这个“义”指的就是结成夫妻关系的情义，情义已断，妻子就可以改嫁或再嫁。实际生活中，妇女改嫁或再嫁的事例不胜枚举，例如卓文君在结识司马相如之前就寡居在家。歌颂爱情的叙事长诗《孔雀东南飞》就记述了刘兰芝与丈夫离异后的情况：

> 还家十余日，县令遣媒来。云“有第三郎，窈窕世无双，年始十八九，便言多令才”。

返回娘家后，立刻有人遣媒求亲，刘兰芝拒绝，誓言不再改嫁。可是，在兄长的逼迫下，假意答应改嫁给太守的儿子，最后演成悲剧。

话说回来，据说后来朱买臣真的谋得高官厚禄，衣锦还乡。他的前妻得知后，后悔不已，便要求与他复合。这时，朱买臣却叫随从端来一盆水倒在地上，说：“我们的关系就像泼在地上的水，是不能收回的。”成语“覆水难收”便由此而来，比喻一切已成定局，不能更改了。

②《汉书·孔光传》，页3350，中华书局，1962年版。

四 《楚辞》的神话世界

千百年来，《楚辞》都被视为研究中国古代神话的重要书籍之一。茅盾曾说："我们承认《楚辞》不是凭空生出来的，自有它的来源，但是其来源却非北方文学的《诗经》，而是中国神话。"①

楚地巫风与神话

《楚辞》的意思是先秦时期楚人的歌词。古代楚国，从宫廷到民间，都受到当地原始土著的巫风所浸染。《九歌》、《招魂》、《大招》原本就是在祭祀的招魂歌词基础上加工创作而成的。

楚地巫风如此盛行，是因为楚地多山林大泽，气候湿热，容易导致疾病和死亡。当时，楚人笃信天地四方皆存在鬼神，控制着人的生死，只要敬奉这些神灵，就能求福禳灾。在这种浓厚的巫风影响下，想象奇特的神话便应运而生。《楚辞》的代表作家屈原、宋玉、唐勒等人，就是在这片盛行巫祀和充满神话传说的土壤上，孕育成长起来的。所以，他们的创作自然地沾染上巫风色彩，创造了

湘江

①《茅盾说神话》，页159，上海古籍出版社，1999年版。

一个个神怪百出、幻想奇特的艺术境界。

《九歌》的神奇色彩

屈原的《九歌》是一组祭歌式的抒情诗，诗中描写了天神、云神、山神、日神、黄河之神及湘水之神等神灵，充满了奇异的神话色彩，再现了楚人对大自然的认知和观感。

日神在各种神话传说中是极重要的一位，它是人间光明和正义的象征。《东君》就是楚地祭祀日神东君的歌词。诗中，日神的形象是根据太阳的特征来塑造的：

暾将出兮东方，照吾槛兮扶桑。
抚余马兮安驱，夜皎皎兮既明。
驾龙辀兮乘雷，载云旗兮委蛇。

在楚人心中，每天早上，日神都会驾起龙拉的车子，乘着滚滚的雷声，载着满天云霞翻卷的旗子，从东方升上高空，驱走黑夜，放出耀眼的光芒，照亮整个大地。

《东君》图

古时候，人们认为天上的天狼星是不吉祥的，会带来灾害。可是，日神出现时，天狼星便会消失：

青云衣兮白霓裳，举长矢兮射天狼。
操余弧兮反沦降，援北斗兮酌桂浆。

太阳升起，群星隐没，这是一种自然现象。可是，楚人却认为是日神用弧矢星做的弓箭，射落凶残的天狼星，消除灾祸，保卫人类。大胜而回的日神更拿起用北斗星做的酒器，饮桂花酒来庆祝。

在楚人眼中，天狼、弧矢、北斗，这些天上的星座，都化成了真实的形象。

《云中君》是祭祀云神的乐歌，当中的云神，也带有云的自然形象。诗中描述，云神忽而“连蜷兮既留”，忽而“猋远举兮云中”，来去自如，捉摸不定，行踪遍及九州四海。古人对云神的倏忽来去，感到“思夫君兮太息，极劳心兮忡忡”。意即忧心忡忡，不知云神何时才回来润泽楚地。这些情感的刻画，表现了古人对于雨水的期盼和云神的依赖之情。

《离骚》的神灵飞舞

屈原把神话大量引进《离骚》。在瑰丽奇幻的想象中，诗人为实现理想，命令为太阳驾车的羲和驾车上天入地，寻求天帝。过程中，天界神灵都听从他的指示：

前望舒使先驱兮，后飞廉使奔属。
鸾皇为余先戒兮，雷师告余以未具。
吾令凤鸟飞腾兮，继之以日夜。
飘风屯其相离兮，帅云霓而来御。

诗人让月神望舒在前开路，风神飞廉在后跟随；并让凤凰替他先行警戒，雷神替他检查行装；还指示凤鸟飞腾，日以继夜向前飞去，旋风则率领着霞来迎接他的车子。在这里，诗人试图在神灵飞舞的境界中，寻找安慰与寄托，抒发心中的痛苦和愁思。

胡适曾说：“我们看《离骚》里许多神的名字——羲和、望舒等——便可知道南方民族曾有不少的神话。”②的确，南方民族不少神话都是靠《楚辞》而保存至今的。

②《白话文学史》，页76，上海古籍出版社，1999年版。

五　屈原辞赋中的芳草美人意象

清初学者黄宗羲的《景州诗集序》说：“诗人萃天地之清气，以月露风云花鸟为其性情，其景与意不可分也。”意思是说，诗人喜欢把自己的情意寄托于景物之上。

在中国文学中，寄托之作，有一类惯用的意象，就是“芳草美人”。追溯其源，可说是屈原的《离骚》。

以芳草比拟君子

《离骚》是屈原的代表作，大约作于楚怀王时期屈原遭谗被贬谪之时，抒发了诗人的愁怨，是《楚辞》中影响最大的作品。

《离骚》如此描写诗人辛勤而欢喜地栽培芳草：

余既滋兰之九畹兮，又树蕙之百亩。
畦留夷与揭车兮，杂杜衡与芳芷。
冀枝叶之峻茂兮，愿俟时乎吾将刈。
虽萎绝其亦何伤兮，哀众芳之芜秽。

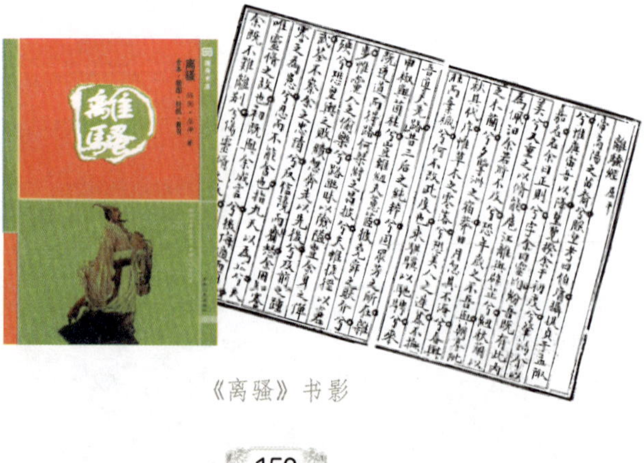

《离骚》书影

在百亩的土地上，诗人种植了各式各样的芳草，默默耕耘，希望它们枝叶茂盛。怎知道，到了收割时节，田园变得荒芜，杂草丛生。诗中的兰蕙、留夷、揭车、杜衡和芳芷等仅仅是芳草吗？不是的，它们代表了诗人为国家培育的君子。

可是，诗人满怀希望作育英才，结果如何呢？

何昔日之芳草兮，今直为此萧艾也。

芳草化为恶草，比喻君子变成了小人，暗示奸臣当道，掌握政权。对此，诗人深深地慨叹。

屈原还写了一篇《橘颂》，诗中表面是在咏橘，背后却潜藏着诗人心志高洁的表白：

后皇嘉树，橘徕服兮。受命不迁，生南国兮。
深固难徙，更壹志兮。绿叶素荣，纷其可喜兮。

诗中说橘树“受命不迁，生南国兮”、“深固难徙”，说明生于南国的橘树早已适应了当地的水土，不能迁移。诗人借此比喻自己不能离开故国，流露了他深厚的爱国情怀。诗中又说“行比伯夷，置以为像兮”，赞扬橘树的德行好比坚贞不移的伯夷，诗人愿以伯夷为榜样，守志不移。

藉美人自况或指称明君贤臣

除了芳草外，屈原也喜欢以“美人”喻托。在《楚辞》中有许多地方提到“美人”，其中有的是自况，有的则代表诗人理想中的明君或贤臣。例如，《离骚》中说道：

日月忽其不淹兮，春与秋其代序。
惟草木之零落兮，恐美人之迟暮。

屈原像

诗的意思是说，时光如水一般流逝，春天与秋天依次更替，从不停留。花草树木枯萎凋零，美丽的女子也会随着时光衰老。诗中的“美人”，不仅仅是指一个美丽的女子，而且蕴涵着另一层意义：一个容貌出色的女子得不到别人的宠爱，就年华老去，多么令人惋惜；一个才能济世的臣子，得不到君主的重用，虚度了一生，更加悲哀。诗人以“美人”自况，流露了郁郁不得志的情怀。

屈原忠心耿耿却不被楚怀王重用，后来更流放汉北。诗人离开故国，思君怀乡，写下了《抽思》一诗，倾吐心中的郁闷：

与美人抽怨兮，并日夜而无正。
憍吾以其美好兮，敖朕辞而不听。

这次，诗中的“美人”是指楚怀王。诗人对着美人抒发情思，美人的态度却傲慢不理。同样，现实生活中，屈原多次向楚王进谏，但都不被接纳，反而落得自己流浪异乡。

托物寄兴手法，为诗人所乐用

《楚辞》用“芳草美人”托物寄兴的手法，对中国后来的诗歌创作产生了十分深远的影响。大自然的云山雾水、夕阳秋风、花鸟树木、淡月疏星都是诗人感情的寄托。

如陶渊明特别喜欢描写青松、秋菊、孤云、归鸟，通过它们寄托了诗人坚贞的品德和爱好自由的情怀。特别是菊花，由于陶渊明的爱好和描写，在后人心目中，几乎成了陶渊明的化身。

又如曹植的《美女篇》描写了一个女子拥有美丽的容貌和动人的仪态，但是没有人追求，以至她“盛年处房室，中夜起长叹”，深感孤独。曹植以“美人”自喻，抒发不得志的情感。

北宋诗人梅尧臣阅《离骚》后，也认为：“屈原作《离骚》，自哀其志穷；愤世嫉邪意，寄在草木虫。”①

① 见《梅尧臣集编年校注》卷十六，上海古籍出版社，1980年版。

六 汉赋反映的恢宏时代

王国维说："凡一代有一代之文学，楚之骚、汉之赋、六代之骈语、唐之诗、宋之词、元之曲，皆所谓一代之文学，而后世莫能继焉者也。"①

赋是汉代最流行的文体，盛极一时，深受君主的喜好。据说汉武帝的皇后陈阿娇失宠后住在长门宫，她用黄金百斤请辞赋家司马相如写《长门赋》，感动了汉武帝，重获宠爱。

应时而生

文学是时代的反映，赋能够成为汉朝文学的佼佼者，与当时的社会政治环境有密切关系。汉初，施行黄老无为之治，与民休养生息，国家日益富庶。根据史书记载，当时"京师之钱累百巨万，贯朽而不可校。太仓之粟陈陈相因，充溢露积于外，腐败不可食"。②

至汉武帝时，北伐匈奴，南定南越，东讨朝鲜，西通西域及西南夷，国力更是如日中天，一派恢宏气象。随着国力强盛，皇室乃至整个上层社会的生活也奢侈起来，竞尚豪华。这时候，既有散文之形，又有诗歌之韵的赋体，最能描写出那种繁华景象，衬托出帝国的声威气势和天子的威严。因此，写宫殿，写田猎，写神仙，写京都，都成为汉赋的题材。

汉赋之兴盛与君主的提倡紧密相关。其中，武帝尤爱辞赋，重视文人，如司马相如、东方朔、枚皋等都以辞赋得到赏识。据班固《两都赋·序》记载，武帝和宣帝时已有考赋和献赋的风气。到了

① 王国维：《宋元戏曲史》自序，页1，上海古籍出版社，1998年版。

② 《汉书·食货志》，中华书局，1962年版。

顺帝时，更加推行以赋取士的制度，士子作赋，只要能称帝意，便可获取录，赐以俸禄。“上有好者，下必甚焉”，文人自然争相创作，形成了汉赋的鼎盛局面。

辞藻华丽

由武帝至成帝，是汉赋的全盛期。《汉书·艺文志》所载汉赋九百余篇，十之八九都是这时期的作品。代表作有司马相如的《子虚赋》、《上林赋》，东方朔的《答客难》和王褒的《洞箫赋》等。这时期的作品多长篇巨制，铺张扬厉，辞藻华丽，极写时代的恢宏气象。试看一看《上林赋》中的一段文字：

> 离宫别馆，弥山跨谷；高廊四注，重坐曲阁；华榱璧珰，辇道骊属；步櫩周流，长途中宿。夷嵕筑堂，累台增成，岩窔洞房。俯杳眇而无见，仰攀橑而扪天。

作者通过多角度的描绘，将一个辽阔富庶的天子园林展现在读者眼前：天子的离宫别馆，布满山谷之间，高高的回廊环绕四周，殿阁曲折，屋椽华美，瓦当嵌玉。长廊可以通往各处，一天走不完，中途还需住宿。如果站在高处，俯视深幽而无所见，仰身攀着屋椽，更可以摸到青天。从这段文字中，可以约略窥见汉赋那种结构宏伟和语汇丰富的特色。

《上林赋》情景图

后世继承

自司马相如、王褒诸人以后，汉赋的形式和格调已基本定型，从西汉末年到东汉中叶，模拟之风甚盛，直到张衡几篇短赋出来，才稍有改变。这时期的代表作有扬雄的《甘泉赋》、班固的《两都赋》、张衡的《两京赋》等。

班固画像

魏晋以后，汉赋逐渐演化成体制较小的骈赋，讲求对仗，词语华美，抒情成分增多，文学气息浓厚起来，著名作家有曹植、王粲、左思、谢灵运、江淹等。江淹的《别赋》写的是亲友间别离时的情形：

风萧萧而异响，云漫漫而奇色。
舟凝滞于水滨，车逶迟于山侧。

大意是说：离别之时，风声萧萧，不同于平日，云彩漫漫，也改了颜色。船滞留在水边不忍开走，车徘徊在山侧不忍离开。作者把别离时伤心的气氛渲染到极致。

唐宋时代，骈赋又演化出律赋，它的特点是限题限韵，对仗要工整，声律要严密，趋于形式主义。除律赋以外，受到唐宋古文运动的影响，骈赋也向散文方向发展，形成文赋，写作比较自由，叙事、抒情、议论皆可。文赋盛于宋，作品丰富，代表作有欧阳修的《秋声赋》和苏轼的前后《赤壁赋》。

在文学史上，汉赋是颇具特色的文体之一，它在丰富文学语言和提高表达技巧方面，对以后的文学产生了积极的影响。

七 《古诗十九首》的短语长情

《古诗十九首》的名称最早见诸《昭明文选》，人们一般认为是东汉末年的作品。《昭明文选》是梁昭明太子萧统所编的诗文选集，他把这十九首诗编辑在一起，由于非一人一时之作，又没有作者的名字，就为它们加上了一个总的题目——“古诗十九首”——作为组诗之名。

温柔敦厚

古往今来，有不少读者都给予《古诗十九首》很高的评价。钟嵘评谓：“文温以丽，意悲而远，惊心动魄，可谓几乎一字千金。”[①]意思是说，诗中那种温柔敦厚的感情，那些不得意的悲慨，能让人感到震撼，字字珠玑。

汉代乐舞俑

这十九首诗作为什么能超越时空限制，千百年来触动不同读者的心灵呢？清代学者陈祚明有下列的见解：“《十九首》所以为千古至文者，以能言人同有之情也。……但人人有情而不能言，即能言而言不能尽，故特推《十九首》以为至极。”[②]他认为《古诗十九

① 梁·钟嵘：《诗品·序》，页17，人民文学出版社，1961年版。
② 清·陈祚明：《采菽堂古诗选》，上海古籍出版社，2002年版。

首》能够成为千古了不起的文学作品，因为它抒写的是人生的一种基本感情，是人人共有之情。试想，诗中所写的生死离别之情、失意落寞之情，世上有多少人经历过呢？又有多少人能逃得了呢？这十九首诗歌就是把人们共有的感情写出来了，让读者有所发现，有所感动，有所共鸣。

真挚动人

《古诗十九首》的文字浅白质朴，以极为普通、寻常的语言，抒发曲折细腻的感情，没有半点矫揉造作。《青青河畔草》是描写春光明媚之际，妇人凭倚楼窗，眼望芳草萋萋，杨柳郁郁，忽然思念起游于四方的丈夫，心里就产生了孤寂哀怨：

昔为倡家女，今为荡子妇。荡子行不归，空床难独守。

原来这个少妇昔日是歌妓，过的是灯红酒绿的生活，十分热闹。可是，现在却嫁了一个“荡子”，即经常漫游外地，很少返回故乡的人。丈夫浪游而不归，妇人在闺中守空床，感到孤独难耐。王国维《人间词话》说到这几句虽属“淫鄙之尤”，但由于抒发了妇人真率的感情，所以历来不被视为“淫词”或“鄙词”。诗人以朴实真挚的描写，展现了一个毫不虚伪造作的思妇形象，一反闺中思妇温柔贤淑的千人一面，正如曹旭所言：“在贞洁道德与真情的冲突中展示生命的力量，具有人性的震撼力。”③

闺中妇女思念丈夫情景图

《古诗十九首》的作者从不避讳说出自己的失意和软弱，《今日良宴会》写失意文人对酒听歌，因人生短暂，功业无成而发出牢骚之言：

何不策高足，先据要路津？无为守贫贱，坎坷长苦辛。

诗人慨叹人生如此短促，为什么不鞭策快马，抢先占领那个高

③ 曹旭：《古诗十九首与乐府诗选评》，页8，上海古籍出版社，2002年版。

官厚禄的地位？求得功名富贵，就不必常守贫贱，枉受苦辛。诗人以发自肺腑的歌唱强烈表达了对岁月易逝的感慨，以及自己未能建功立业的苦闷。

意蕴丰富

《古诗十九首》不仅抒发了人人共有之情，还给予读者广阔的联想空间。有关这十九首诗的作者名字、性别、年龄、作者身处的年代，都无从稽考。所以每一个读者都可以有自己的理解和联想，使每一首，甚至每一句都产生多重的意蕴。就拿《行行重行行》来看一看：

行行重行行，与君生别离。相去万余里，各在天一涯。
道路阻且长，会面安可知？胡马依北风，越鸟巢南枝。
相去日已远，衣带日已缓。浮云蔽白日，游子不顾返。
思君令人老，岁月忽已晚。弃捐勿复道，努力加餐饭。

这首诗的前六句写离别之情，后十句写相思之意。那么，写诗的这个人是男性，还是女性呢？它是远行的人说的话，还是留下的人说的话？是写恋人，还是写君臣？比如“浮云蔽白日”就有多重的意蕴：如果这是一首弃妇诗，“白日”指的是游子，“浮云”指的是游子在外所遇到的诱惑；如果这是一首逐臣之诗，“白日”比喻国君，“浮云”比喻小人：这些都给了读者丰富的想象空间。

清代学者方东树用一个“惊”字点评《古诗十九首》，他说：“冷水浇背，卓然一惊。”[4] 实是一字道破其中奥妙。

④ 清·方东树：《昭昧詹言》，页53，人民文学出版社，1961年版。

八 曹氏父子与建安风骨

陈琳擅长写檄文，用以声讨敌人，宣示罪状等。他曾替袁绍起草讨伐曹操的檄文，文辞锐利，把曹操骂得体无完肤。后来他归附曹操，曹操对他说："你骂我就够了，为何还要骂我的祖先呢？"陈琳赶忙谢罪。曹操爱才，也就不再追究了。

曹操倡导，诗风慷慨悲凉

东汉末年，曹操不仅披挂上阵，驰骋沙场，而且喜欢举行宴会，诗酒唱和。正是在曹操的积极倡导下，才形成当时鼎盛的文学创作局面。一提到建安文学，人们首先想到的便是"建安风骨"，它是概指以曹操与曹丕、曹植父子为核心，包括建安七子[①]在内的文人群体的诗歌创作风格。他们运用新兴起的五言形式，从民歌中汲

建安七子像

① 指东汉献帝建安年间作家孔融、陈琳、王粲、徐幹、阮瑀、应玚和刘桢等七人。

取营养，反映现实，抒写怀抱，慷慨悲凉。

这种文学创作风格的出现，与当时的时局有密切的关系。《文心雕龙·时序》中说：

良由世积乱离，风衰俗怨，并志深而笔长，故梗概而多气也。

建安年间（196—219）政局纷乱，朝廷腐败，地方州牧割据称雄，混战不休。曹操诗句“白骨露于野，千里无鸡鸣”，正是那个时代千里之内不见人烟情景的最佳写照。建安诗人大都经历过颠沛流离的生活，耳闻目睹一幕幕活生生的惨状。于是，他们以刚健清丽的语言，悲凉激昂的格调，反映哀鸿遍野的战乱景象，又或高歌一统天下的理想，情志深远，文风慷慨激昂又富有气势。

汉末实录，散发时代气息

建安诗人的创作大都能捕捉时代的脉搏，不矫情，不粉饰，作品抑扬哀怨，散发着慷慨悲凉的气息。曹操在《蒿里行》一诗中写出割据混战给社会和人民带来的灾难：

关东有义士，兴兵讨群凶。初期会盟津，乃心在咸阳。
军合力不齐，踌躇而雁行。势利使人争，嗣还自相戕。
淮南弟称号，刻玺于北方。铠甲生虮虱，万姓以死亡。
白骨露于野，千里无鸡鸣。生民百遗一，念之断人肠。

明人钟惺誉此诗为：“汉末实录，真诗史也。”[②]诗中描写了讨伐董卓的将领争权夺利，连年征战，将士不得解甲，死伤无数；百姓惨受战火摧残，人烟稀少，白骨遍野，令人触目惊心。

诗人王粲在《七哀诗》（其一）中描绘他从长安前往荆州避难途中所见的惨状：

路有饥妇人，抱子弃草间。顾闻号泣声，挥涕独不还。
“未知身死处，何能两相完？”驱马弃之去，不忍听此言。
南登霸陵岸，回首望长安。悟彼下泉人，喟然伤心肝。

诗中描写一位母亲，把自己的孩子抛弃在野草中，即使听到小

②《古诗归》卷七。

孩的哭声，也没有回头。面对路人的责问，她回应说："我不知道自己还能走多远就会倒毙在路上，又怎能保全我的孩子呢？"诗人感到痛心疾首，却爱莫能助，徒唤奈何。这些诗歌，反映了战乱中的社会现实，生灵涂炭的惨景，字字句句都饱含着作者的感时伤世之情。

各抒怀抱，渴望建功立业

面对动荡不安的时局，目睹人民的惨状，建安文人渴望能建功立业，抒展抱负，这也是建安风骨的内涵之一。例如曹操在《对酒》中便表达了这种政治理想：

> 对酒歌，太平时，吏不呼门。王者贤且明，宰相股肱皆忠良。
> 咸礼让，民无所争讼。三年耕有九年储，仓谷满盈。

诗歌表达了曹操所向慕的理想社会。在那个社会中，君主贤明，臣子忠良，人人守礼，争讼不兴，官吏不上门催租追债，执政者赏罚分明，爱护百姓，人人丰衣足食。

曹植画像

曹植在他的诗歌中也同样表现了这种积极进取精神，早年就立下了"忧国忘家，捐躯济难"[3]的壮志，又曾跟随父亲征战四方。他在《白马篇》中写道：

> 弃身锋刃端，性命安可怀？父母且不顾，何言子与妻？
> 名在壮士籍，不得中顾私。捐躯赴国难，视死忽如归。

诗中，诗人塑造了一个武艺高强、忠心报国、视死如归的白马英雄形象，寄托了自己的理想和抱负。

曹氏父子醉心文学，不以政治上的权威钳制文人的创作，因而建安时期的作家能各抒怀抱，自由创作，散发出强烈的时代气息。

③《求自试表》，见《乐府诗集》卷二十七《相和歌辞二》。

九　文学的自觉时代

曹丕在《典论·论文》里说："年寿有时而尽，荣乐止乎其身，二者必至之常期，未若文章之无穷。"意思是说，生命和荣华快乐都有一定期限，而一篇出色的文学作品，在千载之后还能使人感动不已。

先秦时期，强调文学教化功能

曹丕提出文学拥有独立的价值和地位，这与以往的文学观念有所不同。先秦时期，儒家对文学的功能有以下的要求：

> 温柔敦厚，《诗》教也；疏通知远，《书》教也；广博易良，《乐》教也；絜静精微，《易》教也；恭俭庄敬，《礼》教也；属辞比事，《春秋》教也。[1]

孔子塑像

①《礼记》。

这些经典在儒家心目中，其整体功能就是教化，包括道德、性情、思维以及语文等各个方面。孔子更把诗的道德功能扩大为政治功能，认为可以影响家国的存亡，他说：

恶紫之夺朱也，恶郑声之乱雅乐也，恶利口之覆邦家者。②

两汉时代，《毛诗序》也提出文学应该有“经夫妇、成孝敬、厚人伦、美教化、移风俗”的社会效果，要求文学发挥劝善惩恶的道德教化作用。当时的学者王充就说：“为世用者，百篇无害；不为用者，一章无补。”③

魏晋时期，察觉文学自身价值

到了魏晋，人们对文学有了崭新的认识，文学逐渐摆脱经学的束缚，得到比较自由的发展，时人开始重视文学的价值与地位，探讨文学理论问题。鲁迅曾经说过：

他（曹丕）说诗赋不必寓教训，反对当时那些寓训勉于诗赋的见解，用近代的文学眼光看来，曹丕的一个时代，可说是“文学的自觉时代”，或如近代所说是为艺术而艺术的一派。④

所谓“文学的自觉”乃是指“诗赋不必寓教训”，是“为艺术而艺术”，即是说文学不是经学的附庸，有其自身的价值。

曹丕画像

当时，曹丕所著的《典论》，是中国最早的文学批评专论。这部书已经失传了，但其中有一篇文章叫《论文》，现在还可以看到。在这篇文论中，曹丕特别强调文学的特殊性和形式美，正是文学走向自觉的表现。

②《论语·阳货》。
③ 汉·王充：《论衡·自纪》。
④ 鲁迅：《魏晋风度及文章与药及酒之关系》。

提出“文气”之说，主张“诗赋欲丽”

《论文》提出的“文气”之说，对后世文艺理论有很大贡献。曹丕认为：

> 文以气为主，气之清浊有体，不可力强而致。譬诸音乐，曲度虽均，节奏同检，至于引气不齐，巧拙有素，虽在父兄，不能以移子弟。

曹丕用演奏音乐作譬喻，说明文人因先天所禀的清浊之气不同，即使文学体裁和艺术技巧相同，文章风格也有差别，不能一概而论。曹丕认为每个文人各有优点与缺点，不应以己之长，轻人之短。

此外，曹丕又提出了“文非一体”的观点：

> 文非一体，鲜能备善。夫文本同而末异，盖奏议宜雅，书论宜理，铭诔尚实，诗赋欲丽。

意思是说，根据文学的体裁和性质，应有不同的要求：奏议是陈述政见的，所以文辞要雅正；书论是作者发挥思想，论辩是非的，所以要条理清晰；铭诔是记载功德或追述死者言行的，所以要忠于事实；诗赋属文学体裁，是抒写情物的，所以语言要华丽。

曹丕说的四点要求，已经摆脱了儒家教义的约束，说明不应以同一标准来衡量所有文学作品的道理。传统的儒家观点，不把艺术的形式美或审美价值放在第一位。所以，曹丕的“诗赋欲丽”是对儒家文论的大胆突破。

曹丕曾说：“不假良史之辞，不托飞驰之势，而声名自传于后。”有的人因史家给他写了传记而永垂不朽，但有的人凭着杰出的文学作品，即使没有传记，也能流传千古。这就是建安时代对文学的一种认识，认为文学自有独立的价值。其实，曹丕本人就是一个很好的证明，他的《典论·论文》，在中国文学史上留下了不可磨灭的光辉。

十 盛唐诗人的文化品格

鲁迅先生说："我以为一切好诗，到唐已被做完，此后倘非能翻出如来掌心之'齐天大圣'大可不必动手。"可见唐诗在中国诗歌发展史上的独特地位。

三教并重

自玄宗开元元年（713）至代宗永泰元年（765）是唐代诗歌发展最为鼎盛的时期，亦即文学史上所称道的"盛唐时期"。在短短的五十多年间，涌现出十几位大诗人，他们经历各异，风格不同，而共同表现了盛唐时期的文化风貌。

盛唐时期，在文化思想方面，最突出之处可说就在于"儒"、"释"、"道"三教并重。三教并重，丰富了人们的精神生活，为诗人的创作提供了充分的条件。丰富多彩的文化对盛唐诗人的品格形成和诗歌创作产生了相当重要的影响：盛唐诗歌就是盛唐文化的反映；盛唐诗人的独特品格，也是盛唐文化所造就的。

儒者情怀

儒家思想自汉代确立为正统后，其道德伦理、价值观念等都已化为一种潜在的文化基因，盛唐诗人的思想和行为也有明显的儒化倾向。曾子说：

> 士不可以不弘毅，任重而道远。仁以为己任，不亦重乎？死而后已，不亦远乎？[①]

①《论语·泰伯》。

杜甫画像

从孔子开始，对士人品格的要求是以天下为己任，要具有忧国忧民的情怀，要有重道轻欲的牺牲精神。

不少盛唐诗人的作品，都体现了儒家的用世思想。诗人李白胸怀壮志，企盼为国家效力，在《侠客行》中他表示即使牺牲性命，也是“纵死侠骨香，不惭世上英”。“诗圣”杜甫具有忧国忧民的情怀，《自京赴奉先县咏怀五百字》、《茅屋为秋风所破歌》、《春望》和《白帝》所担忧的都不是自己的身世，而是国家和人民。《茅屋为秋风所破歌》写诗人的茅屋被风吹破，夜里漏雨无法睡眠的烦恼。诗人希望能有“广厦千万间，大庇天下寒士俱欢颜”；若果愿望成真，诗人表明：“吾庐独破受冻死亦足！”

玄风道味

李白画像

道家思想在盛唐也很盛行，由于君主的提倡，《老子》和《庄子》也成为唐代士子的好读之书。因此，唐诗也受到道家文化的渗透，濡染着浓郁的玄风和道味。

庄子说，“屈折礼乐以匡天下之形”是“圣人之过”[②]，反对礼教对人性的束缚，争取个性的自由解放，唐代诗人在这方面深受影响。他们傲视功名，公然对儒家的圣人进行嘲弄，表现出一种反叛的精神：

我本楚狂人，凤歌笑孔丘。
手持绿玉杖，朝别黄鹤楼。
五岳寻仙不辞远，一生好入名山游。

（李白《庐山谣寄卢侍御虚舟》）

② 庄子：《庄子·马蹄》。

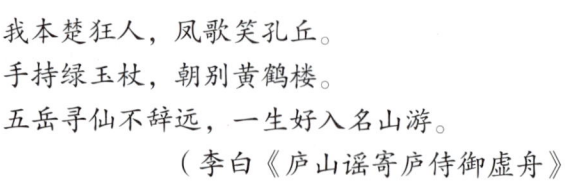

人们说李白有仙风道骨，带有浓厚的道家思想。诗中，诗人自比楚狂接舆，口唱凤歌以嘲笑孔子在荒乱之世游说列国，到处碰壁而不知醒悟。他以独醒者自居，视功名富贵如粪土，以出世高蹈，漫游山水为放情适志。

佛心禅韵

盛唐是佛教中国化的成熟期。盛唐诗人与佛教因缘是深厚的，他们或广交僧侣，或精研佛经，或参禅咏理。诗人王维就是一个虔诚的佛教徒，在佛学方面有很深的造诣，诗歌中往往融会禅意。

王维生于一个世代为宦的家庭，从小受到传统儒家文化的熏陶，希望能一展经邦纬国的抱负。可是，诗人的仕途波折重重，对现实政治失望，这加深了他对佛教特别是禅宗的信仰。请看王维的《鹿柴》：

空山不见人，但闻人语响。返景入深林，复照青苔上。

整首诗描写一个空灵寂静的意境：空山之中看不到人的踪影，但是可以听到人说话的声音。那落日的余晖照进密密的森林，景色略带幽暗与空灵。禅宗强调“对境无心”、“无住为本”，也就是对一切境遇不生忧喜悲乐之情。王维以“禅”的态度来待人处世，使自己有一个恬静的心境，进而把这种心境融入作品中，使诗歌显出禅光佛影。

《鹿柴》意境图

盛唐时期多元与开放的文化思想造就了一批杰出的诗人。盛唐诗歌的成就，正是这时期文化精神与诗人品格追求相互作用的结果。诗人们成功的创作实践，或许能为时下方兴未艾的新诗创作提供宝贵的借鉴呢！

十一　唐代边塞诗风貌

一提起边塞诗，人们总会想到唐代，想到边塞诗派的代表人物岑参和高适。其实，唐以前已有边塞诗产生，不过量寡质差，在诗坛上未能引人注目。及至唐代，边塞诗大量涌现，内容多样化，描绘了塞外奇丽壮阔的风光和将士的戎马生涯，风格遒劲壮美，慷慨豪迈，成为一个重要的流派。

纵死犹闻侠骨香

唐代政治统一，经济繁荣，国力昌盛，国威远播，民族自信心与自豪感增强，激发了人们建功立业的雄心。不少文人都盼望从军塞外，保家卫国。“初唐四杰”之一的杨炯[①]在《从军行》中写道：

烽火照西京，心中自不平。牙璋辞凤阙，铁骑绕龙城。
雪暗凋旗画，风多杂鼓声。宁为百夫长，胜作一书生。

这首诗的写作背景是：唐高宗永隆年间（680年前后），北方的突厥族多次侵袭西北边境，唐王朝派兵出征讨伐。诗中描写将士面对大雪纷飞、遮天蔽日的恶劣环境，仍然奋勇向前，英勇杀敌。最后两句“宁为百夫长，胜作一书生”，直接表达诗人投笔从戎的渴望，表示宁可去做一名低级军官，也强过做个墨守笔砚

边塞风光

① “初唐四杰”的另三杰是王勃、卢照邻、骆宾王。

的书生。

再看看王维的《少年行》：

出身仕汉羽林郎，初随骠骑战渔阳。
孰知不向边庭苦，纵死犹闻侠骨香。

这是王维四首《少年行》组诗中的第二首，诗中塑造了一位立志献身祖国、渴望战斗的英雄，栩栩如生，充满着强烈的爱国情怀。这位志士高呼即使战死沙场，剩下一堆白骨，也坚信自己的白骨还会散发着侠气的芳香。

这种勇赴疆场、视死如归的壮志，在唐代边塞诗中浮光跃金，随处可见，是唐代不少文人士子的心声。

胡天八月即飞雪

在唐代边塞诗中，关山、朗月、大漠、风沙、飞雪，是常见的景象，它们代表了塞外独特美丽的风光。唐代诗人岑参，曾经多次出塞，在边地生活多年，对异域风光有深入的观察。即使边城的风沙雪月，在他笔下也别有一番气象，为其他边塞诗所没有。岑参的边地景色诗最为杰出，也最负盛名，如《白雪歌送武判官归京》，试看诗的开首：

北风卷地白草折，胡天八月即飞雪。
忽如一夜春风来，千树万树梨花开。
散入珠帘湿罗幕，狐裘不暖锦衾薄。
将军角弓不得控，都护铁衣冷难着。

八月时分，序属仲秋，但边塞已经大雪纷飞了。诗人巧妙地用春天景象来比拟寒冬雪景，把北风比作春风，把雪花比作梨花，形象地描绘出塞外风停雪霁的奇丽风光。

乃知兵者是凶器

确实，不少边塞诗都以歌颂战士慷慨应征、英勇杀敌的爱国精神为主题。但是，诗人并没有忽视战争所带来的苦痛。杜甫在《兵车行》一开头，就通过行人出征、亲人送别的描写，在读者面前展示出一幅哭声震天的惨象。频繁的战争，造成当时的农村满目凋敝，田园荒废，边地更是血流成河。诗人接着进一步揭露战争对人民造成的心理创伤：

信知生男恶，反是生女好。
生女犹得嫁比邻，生男埋没随百草。

当时，男子都被征召入军队，许多更是战死异乡。黎民百姓因此而产生一种反常心态，一反数百年来“重男轻女”的传统观念，发出“反是生女好”的呼喊。

高适在《燕歌行》中则以“战士军前半死生，美人帐下犹歌舞”之句，写出战士在沙场上浴血苦战、生死难料的情景，并揭示了军旅生涯中的不平等现象。

沙场苦战

唐代诗人只支持“义战”，李白在《战城南》写道：“乃知兵者是凶器，圣人不得已而用之。”表示若非必要，都不应该采用武力，追求和平共处。杜甫在《前出塞》中也写道：

挽弓当挽强，用箭当用长。射人先射马，擒贼先擒王。
杀人亦有限，立国自有疆。苟能制侵陵，岂在多杀伤？

诗人反对穷兵黩武，提出守卫边疆的目的是为了抵挡外敌，并不是为了好战断杀。

唐代诗人以边塞为题材，抒发对战争的感慨和对和平的渴望，境界开阔，气象雄浑，是唐诗中的一朵奇葩。学者叶庆炳就称赞说：“边塞诗则由岑参、高适等所首创，在我国诗歌史上放一异彩，实弥足珍贵。”[②]尤其是贯穿其中的反战思想，意义更是超越时代。

---

② 叶庆炳：《中国文学史》十六讲，“盛唐诗岑参”条下。

十二　古文运动之匡正文风

欧阳修是“唐宋八大家”之一，十分注重奖掖后辈，积极领导散文的改革。苏轼到京城应试，欧阳修读到他的文章时说道：“快哉！快哉！老夫当避此人，放出一头地。”由于欧阳修的赏识与推荐，苏轼一时声名鹊起。

扭转文风

“唐宋八大家”是指韩愈、柳宗元、欧阳修、苏洵、苏轼、苏辙、王安石和曾巩八人。韩、柳是唐代古文运动的领袖，欧阳修是宋代古文运动的领袖，苏洵等五人是宋代古文运动的骨干成员，而苏轼更是其中的代表者。

韩愈画像

唐初，受魏晋南北朝骈文的影响，不少文人仍只着重华丽形式，忽略了思想内容，成为文学自身发展的障碍。另一方面，唐代佛教和道教盛行，佛寺道观遍及全国各地，在某种程度上冲击了儒家思想的正统地位。当时，一些文人士子便倡导古文、反对骈文，希望以较自由浅白的古文来宣扬儒家思想，借此重建社会秩序，于是古文运动便应运而生。中唐的韩愈和柳宗元积极倡导，并身体力行，为当时文坛注入了活力。

可是，到了晚唐以后，文章又流于无病呻吟，堆砌辞藻。宋仁宗嘉祐元年（1056），欧阳修主持进士科考，着意扭转当时流行的险怪艰深的陋习，提倡平易晓畅的文风，录取了苏轼、苏辙、曾巩、程颢等杰出人才，古文写作大行其道，使中唐的古文运动在北宋中叶沿着纵深的方向发展，并取得了新的成就。

作文先有意

欧阳修画像

韩愈、柳宗元提倡“文以载道”、“文以明道”，主张以文章来弘扬儒家之道，实际上是强调文章要经世致用，注重实际，要对国家与人民有利。到了北宋，欧阳修把文章与现实生活联系起来，反对“弃百事不关于心”。而苏轼也认为“作文先有意”，就是说写文章要先有思想酝酿，确立主题。例如：韩愈看见当时不重师道和耻于求师的不良风气时，便写下《师说》一文，严正地驳斥了那些诽谤者，指出：

> 古之圣人，其出人也远矣，犹且从师而问焉。今之众人，其下圣人也亦远矣，而耻学于师。是故圣益圣，愚益愚，圣人之所以为圣，愚人之所以为愚，其皆出于此乎?

比较古今相异的求学态度，强调求师问学的必要性，否则便会“圣益圣，愚益愚”；把“圣人之所以为圣，愚人之所以为愚”的原因归结到求师为学的不同态度。

文章要与现实相联系的看法，引导人们观察和认识社会，从现实社会生活中选取写作材料，让文章言之有物，不会流于空洞。

文从字顺

此外，有关文章“怎样写”的问题，韩愈主张学习古文应“师其意不师其辞”，“唯陈言之务去”，即要求写文章不要用陈言滥调，而要运用新鲜活泼的语言，让文章富有独创性。韩愈又提出“文从字顺”的观点，主张散文语言要流畅。同样，欧阳修也提倡平易自然之美，反对险怪艰涩的文风。苏轼在《答谢民师书》中说道：

大略如行云流水，初无定质，但常行于所当行，常止于所不可不止。文理自然，姿态横生。

意思是说，作家要自由地表达对生活的真实感受，摆脱形式上的束缚；文章辞意要通畅，合乎自然之理，还要有文彩和波澜。苏轼的文章正是如此，不会卖弄文笔，刻意雕琢。例如在《赤壁赋》中，他是这样描写箫声的：

其声呜呜然，如怨如慕，如泣如诉；余音袅袅，不绝如缕。

仅此十六个字，使读者如闻其声，神韵盎然，极为精警。

这些写作观点，启导人们要以平易、质朴和流畅的语言写作，才能更好地表情达意。

《赤壁赋》意境图

“唐宋八大家”倡导的文学理论及其创作实践，无论是对当时的文坛风气，还是现今的写作活动，都是极有裨益的。

十三　宋代词人的生命意识

丰子恺先生说过："欢喜读与人生根本问题有关的书，欢喜谈与人生根本问题有关的话，可说是我一种习性。"宋词中，就包含了不少有关人生种种问题的思想意蕴，吸引了不少读者的注意。

人生苦短

所谓"生命意识"，即是人类对自我存在价值的反思和认识。人的生命十分宝贵，然而又十分短暂和相当脆弱。宋代词人对岁月的无形流逝很敏感，产生了无限的感慨，他们对"人生苦短"的道理阐发得很透彻。王观在《红芍药》一词中写道：

> 人生百岁，七十稀少。更除十年孩童小，又十年昏老。都来五十载，一半被、睡魔分了。那二十五载之中，宁无些个烦恼。[①]

此词非常通俗易懂，对于人生的计算也很精细。词人表示，能活到七十岁的人不算多，再除去小时候糊里糊涂和老年衰弱不堪的二十年，就只剩下五十年了。可是五十年当中，又有一半的时间用在睡眠休息上，于是剩下的就只有二十五年了。而这短暂的二十五年中，又会有多少烦恼的时刻呢？在这里，词人用近乎白话的口吻直道出对"生"的领悟。

---

① 朱德才主编：《增订注释全宋词》卷一，页211，北京：文化艺术出版社，1997年版。

年老之叹

词人在透彻领悟人生短暂、光阴易逝的同时，也常常表现对老之将至的忧虑。作为太平宰相的晏殊，虽然过着悠闲的生活，但在他的词中，提到“老”字的很多，如：

时光只解催人老，不信多情。(《采桑子》)
暮去朝来即老，人生不饮何为。(《清平乐》)
春花秋草，只是催人老。(《清平乐》)
人貌老于前岁，风月宛然无异。(《谒金门》)

晏殊明白从生到死、由壮到老是宇宙和人生无法抗拒的法则，但仍发出深深的叹息，充溢着浓厚的感伤情绪。

宋代词人辛弃疾对人生易老一事也有自己独到的体会。词人志壮心雄，盼望能保家卫国，可惜却不受重用，甚至被罢官赋闲。他在《鹧鸪天·鹅湖归，病起作》一词中以“不知筋力衰多少，但觉新来懒上楼”透露了内心的痛苦。词人自问自答，以近来甚少登上楼阁，带出年纪日渐增长，身体开始衰弱。实际上，却蕴涵着很多的无奈，让人想起作者空有抗金北伐之志，却被投闲置散，只能空待时光催人，叹自己英雄老去，功业难成。

晏殊画像

及时行乐

宋代词人一方面彻悟人生苦短，另一方面又忧虑老之将至。在这种情况下，他们的生活态度又是如何呢？我们先看看词人王观在《红芍药》中描写的人生态度。在剩余的二十五年岁月中，王观会如何度过呢？

仔细思量，好追欢及早。遇酒追朋笑傲，任玉山摧倒。沉醉且沉醉，人生似、露垂芳草。幸新来、有酒如渑，结千秋歌笑。

面对短暂的人生，词人选择以“酒”会友，及时行乐。词人表示，人生就像芳草上的露珠一样短暂，要与朋友尽情享受。这种及时行乐的看法，可以说是不少宋代词人的生活态度。

豁达洒脱

上述那种豁达洒脱、及时行乐的心态，表面求平静，实际上是对生活的心灰意冷。在宋代词人中，真正做到豁达洒脱的，应推苏轼。他的名作《定风波》，就表现了词人对人生透彻的感悟。这首词描写词人与朋友出游，途中遇上风雨，同行者都很狼狈，四处躲雨，唯独他没有什么感觉。苏轼写道：

> 莫听穿林打叶声，何妨吟啸且徐行。竹杖芒鞋轻胜马，谁怕？一蓑烟雨任平生。　料峭春风吹酒醒，微冷，山头斜照却相迎。回首向来萧瑟处，归去，也无风雨也无晴。

苏轼在《水调歌头》一词中说到："人有悲欢离合，月有阴晴圆缺，此事古难全。"人生本身就不是圆满的，这就意味着挫折、风雨是人生的必经之路；有了这种心理准备，又何需惧怕人生路上的种种风雨呢！苏轼的"一蓑烟雨任平生"，反映了他的一种处变不惊的人生态度。

苏轼笠屐图

钱穆先生曾说："中国在宋以后，一般人都走上了生活享受和生活体味的路子，在日常生活上寻求一种富于人生哲理的幸福和安慰。"[②]宋代词人对生活享受的追求可说就是来源于对自我存在价值的反思和认识。

② 钱穆：《中国文化史导论·中国文化传统之演进》。

十四　宋代节序词的人文涵蕴

宋代词作中，有一类专门咏写节日生活习俗的词，词评家称之为“节序词”。这些词作有着丰富深厚的人文内涵，从中可以窥探宋代的民俗风情、历史演变，以及宋人的精神面貌等各个方面。

民俗风情画

遍览《全宋词》，较多提到的四时节令大略有元日、元宵、立春、清明、端午、七夕、中秋、重阳、冬至、除夕等。这些作品，展现了宋人丰富多彩的民俗生活，散发出浓厚的生活气息。

立春，是中国农历二十四节气中的第一个节气。宋代的时候，百姓以载春幡春胜[1]来迎接立春，以鞭打春牛祈愿祝福。苏轼在《减字木兰花·立春》一词中写道：

> 春牛春杖，无限春风来海上。便丐春工，染得桃红似肉红。
> 春幡春胜，一阵春风吹酒醒。不似天涯，卷起杨花似雪花。

词中描写百姓手持犁杖鞭打春牛，象征春回大地，祈求丰收。这一天，家家户户都设宴庆祝，到处挂上旗帜，妇女都戴上彩胜，喜气洋洋地迎接春的到来。

手持犁杖鞭打春牛

每年农历七月初七夜，妇女们都会向天上的织女乞求心愿。欧阳修在

① 春幡：春旗。旧俗于立春日挂春幡，作为春至的象征。春胜：旧时正月初一妇女所戴的彩结一类首饰。

《渔家傲》一词中这样写道：

乞巧楼头云幔卷，浮花催洗严妆面。花上蛛丝寻得遍。颦笑浅，双眸望月牵红线。

七夕节，宋代女子会整齐装束，精心打扮，相约穿针乞巧。此外，她们更会在花丛间找寻小蜘蛛，放在小盒子里。次日，若果蜘蛛网结得又圆又正，就表示乞得巧，可以得到织女的智慧和灵巧。

人生世相图

宋代词人在描写节日风俗的同时，也抒写了种种情怀，使得节序词的文化意义超出了一般描述民俗风情的范围，而具有表现心灵的作用。

在这里，试以三首元宵词来窥看宋人的人生世相，体会节序词渗透着的鲜明时代气息。柳永的《玉楼春》，描写了北宋都城汴京元宵之夜皇宫贵族赏灯的盛况：

皇都今夕知何夕，特地风光盈绮陌。金丝玉管咽春空，蜡炬兰灯烧晓色。　凤楼十二神仙宅，珠履三千鹓鹭客。金吾不禁六街游，狂杀云踪并雨迹。

词中描写元宵之夜，京城华灯宝炬照耀晚空，歌声沸天。皇室贵族结伴出游，赏灯耍乐，气氛十分热闹，反映了北宋盛世的太平景象。

及至南宋时期，在元宵词中，却显露出有关国家兴衰存亡的悲伤，如李清照作于南渡之后的《永遇乐》，抒写了悲今悼昔之情。词的下阕，以今昔的对照描写，表现自己内心的痛楚，委婉地抒发怀念故国的情感：

中州盛日，闺门多暇，记得偏重三五。铺翠冠儿，捻金雪柳，簇带争济楚。如今憔悴，风鬟霜鬓，怕见夜间出去。不如向、帘儿底下，听人笑语。

昔日身处汴京之时，词人常与好友悉心妆扮，结伴游乐；现今却是头发斑白，形容憔悴，无心打扮，虽有邻女相邀，也提不起兴致观灯赏月了。今昔的心态转变，形成了鲜明的对照，隐喻着词人经历国破家亡的变故，过着颠沛流离的生活。词人再也没有勇气面对时下的繁华景象，而选择“向帘儿底下，听人笑语”，悄悄躲在帘子里，耳听他人的欢声笑语以聊温旧梦。这种元宵夜幕内黯然独处的悲伤，实际上代表了许多从北方逃到江南的士人的共同遭遇。

对于故国已亡的南宋遗民来说，元宵节就变成一个痛苦的节日。南宋遗民词人刘辰翁曾亲身经历过南宋的元宵佳节，也听长辈谈及北宋繁华热闹的元宵夜，今昔对比，他的内心痛苦更甚。他曾假托李清照的身份作了另一首《永遇乐》：

> 璧月初晴，黛云远淡，春事谁主？禁苑娇寒，湖堤倦暖，前度遽如许。香尘暗陌，华灯明昼，长是懒携手去。谁知道，断烟禁夜，满城似愁风雨。

词中极力描写昔日元宵观灯歌舞不绝、热闹喧哗的景象，字里行间流露出作者对故国繁盛的缅怀。词中又用“谁知道，断烟禁夜，满城似愁风雨”三句写出元军入城后实行“禁夜”的恐怖气氛。

这三首元宵词，仿佛把千百年前宋朝人在元宵之夜的喜与愁，一幕幕重现眼前，诉说着宋朝全盛时的繁华，宋朝亡国后的悲惨和人民的悲欢离合。

元宵灯

由于宋人重视过节，缘此便产生了大量的节序词。宋末著名词论家张炎在其《词源》一书中，特列“节序”一节，这反映了节序词在宋词中是一项重要的歌咏主题。

十五　元散曲的隐逸思想

散曲是在唐诗、宋词之后兴起的一种配乐歌唱的新诗体。在谈到中国文学史时，我们常常提到唐诗、宋词、元曲。其中，散曲是元代文学的一个重要组成部分。

社会现实的反映

元朝的蒙古统治者尚武轻文，不重儒学，儒生的地位不如前朝，以至社会上有“九儒十丐”[①]的说法。元代文人感叹：

> 不读书最高，不识字最好，不晓事倒有人夸俏。老天不肯辨清浊，好和歹没条道。善的人欺，贫的人笑，读书人都累倒。
>
> （佚名［中吕］《朝天子·志感》）

这首散曲对社会不平、贤愚不辨、善恶不分、是非不明的嘲讽一针见血。作者高呼“苍天无眼”，不辨清浊，以致读书人郁郁不得志。

除了抒发个人情感外，元代文人对社会各方面的疾苦与不平，都有深刻的揭露：

> 堂堂大元，奸佞专权。开河变钞祸根源，惹红巾万千。官法滥，刑法重，黎民怨。人吃人，钞买钞，何曾见？贼做官，官做贼，混愚贤。哀哉可怜！
>
> （佚名［正宫］《醉太平》）

① 南宋遗民郑思肖《大义略序》云：“鞑法：一官，二吏，三僧，四道，五医，六工，七猎，八民，九儒，十丐，各有所统辖。”

作者责骂奸佞专权，施政不当，滥用刑罚，劳民伤财，以致怨声载道。“人吃人钞买钞”、“贼做官官做贼”，反映了人民的疾苦，政治的腐败，是一种很尖刻的讽刺。

放弃世俗的名利

目睹一幕幕社会的不平和黑暗，元代文人不但无法施展抱负，济弱扶贫，更可能惹上杀身之祸。故此，不少人都在作品中表达抛弃世俗功名利禄的决心，以求明哲保身。

> 意马收，心猿锁，跳出红尘恶风波。槐阴午梦谁惊破。离了利名场，钻入安乐窝，闲快活。
>
> (关汉卿［南吕］《四块玉·闲适》之三)

作者认为人的名心利欲，就好比奔腾的马，急躁的猿，只有牢牢地把它们锁上，才能跳出名利场所，平安稳固地度过余生。散曲家白朴也表示：

> 忘忧草，含笑花，劝君闻早冠宜挂。那里也能言陆贾，那里也良谋子牙，那里也豪气张华。千古是非心，一夕渔樵话。
>
> (［双调］《庆东原》)

这首曲说明不管是雄辩滔滔的陆贾也好，是帮武王伐纣定天下的姜子牙也好，还是博学能文的张华也好，他们的生命都是短暂和虚幻的。历史的是是非非、纷纷扰扰，最终不过是渔父樵夫的闲聊之资，人生没有什么可争可求。只有真正摆脱功名仕宦的羁绊，才能得到快乐。

关汉卿画像

归隐田园的喜乐

孔子曾经说：“笃信好学，守死善道。危邦不入，乱邦不居。天下有道则见

（同“现”，音xiàn），无道则隐。”[2]这句话对后世文人影响甚大。面对乱世，不少士子都选择归隐，过那种淡泊清闲的生活。所以，歌唱山林隐逸是元散曲重要的主题。

马致远的散曲，被推为元人第一，其中，以抒发隐逸闲情为题的篇章最多，如：

马致远塑像

> 百岁光阴一梦蝶，重回首往事堪嗟。今日春来，明朝花谢。急罚盏夜阑灯灭。
>
> （［双调］《夜行船》）

这首曲一开首便运用“百岁”与“一梦”的对比性时间概念，表示人生如梦，短暂易逝，劝人把握年光岁月，在长夜来临前尽情享乐。马致远在田园中寻找生活的乐趣：

> 翠竹边，青松侧，竹影松声两茅斋。太平幸得闲身在。三径修，五柳栽，归去来。
>
> （［南吕］《四块玉·恬退》之三）

作者认为生活可以很简单、很素朴，只要有情有趣，“翠竹”、“青松”、“竹影松声”便是人间真味。全曲语言清新自然，绘景生动如画，表达了作者对大自然的热爱和对隐逸生活的赞美。

元代散曲家擅以率直自然的笔调，抒写对社会时政的不满、潦倒不得志的情感和退隐田园的心志，这也恰恰是他们的人生表白。

②《论语·泰伯》。

十六 元代包公戏的寄托

胡适曾说："在这些侦探式的清官之中，民间传说不知怎样造出了宋朝的包拯来做一个箭垛，把许多折狱的奇案都射在他身上。包龙图遂成了中国的歇洛克·福尔摩斯了。"[①]包拯那智勇兼备的清官形象在元杂剧[②]中尤其突出。

官吏无心正法，百姓有口难言

元代由于"官吏每无心正法，使百姓有口难言"，社会政治黑暗，官吏贪赃枉法，滥施刑罚，草菅人命。法制不修，无法可守。据《元史·成宗本纪》记载，仅元成宗大德七年（1303）的一次调查，就查出贪官污吏18,473人，冤狱5,776宗。

元代文人目睹官府相互勾结、残害百姓的种种恶行，便写进杂剧内，申诉黎民百姓的冤屈。其中，有不少剧目是以包拯为主人公的，如关汉卿的《蝴蝶梦》和《鲁斋郎》、郑廷玉的《后庭花》、李潜夫的《灰阑记》、武汉臣的《生金阁》、佚名的《陈州粜米》等，他们把惩罚贪官、期盼清明政治的愿望，都寄托在清官包拯身上。这些杂剧在民间演出后，广受百姓的欢迎。

包公塑像

---

①《胡适古典文学研究论集》，上海古籍出版社，1988年版。

② 元杂剧，或称"元曲"。剧本体裁一般每本分为四折，每折用同一宫调的若干曲牌组成套曲，必要时另加"楔子"。主要角色是正末、正旦。

借演宋朝史迹，揭露当时现实

在这些包公戏中，剧作家对当时贪赃枉法的官员进行了无情的鞭挞。蒙古人入主中原，规定从中央到地方的各级长官必须由蒙古人担任，结果常出现“省臣无一人通文墨者”[③]的情况。由于蒙古长官不懂汉语，无法亲自批阅案卷，审理刑狱。结果，官场腐败不堪，冤狱迭起，百姓泣告无门。

在杂剧《灰阑记》中，郑州太守在审理诉讼案件时，竟然将审案大权全部交给该案最大嫌疑人赵令史，任凭他枉法胡为，并说：“今后断事我不嗔，也不管他原告事虚真，笞杖徒流凭你问，只要得的钱做两下分。”他关心的只是钱财，对百姓的冤屈置之不理。

又如在《陈州粜米》中，朝中权贵刘衙内对即将前往陈州开仓放粮赈济饥民的儿子和女婿说：

> 孩儿也，您近前来。论咱的官位可也勾了，止有家财略略少些。如今你两个到陈州去，因公干私，将那学士定下的官价，五两白银一石细米，私下改做十两银子一石，米里再插上些泥土糠秕，则还他个数儿罢。

结果，刘衙内的儿子、女婿到陈州后，大肆贪污，坑杀百姓。当老农民张敝古责骂他们是“饿狼口里夺脆骨，乞儿碗底觅残羹”时，更被他们活生生打死。

这些剧目虽名为演宋朝史迹，但实际上是在揭露当时的黑暗，最能表现百姓对贪官的憎恨和百姓生活的悲惨。

包公脸谱

清官形象，正义化身

在这些杂剧中，包拯成为正义的化身，不但铁面无私，而且很有谋略，非常机智。在《陈州粜米》一剧中，为了查访真相，他乔装乡下老汉，更为妓女王粉莲牵驴，从她口中搜集疑犯的罪行；在《智

③《元史·崔斌传》。

斩鲁斋郎》中，写深受皇帝宠信的鲁斋郎强夺他人的妻子，罪大恶极。包拯查明后，欲判处死刑，为防止皇帝出面庇护，就以“鱼齊（齐）即”这一名字上奏。包拯拿了批文，在“鱼”字下面加上“日”字，“齊”字下面加上“小”字，“即”字上面加上一点，恢复鲁斋郎的真名，立即把鲁斋郎处决了。

宋人吕本中说过：“当官之法，唯有三事：曰清、曰慎、曰勤。”意思是说：官员要洁身自爱，不贪污；处事要公正谨慎，不懈怠；办事要勤奋，不懒惰。而在戏曲舞台上，包公头戴乌纱，打坐开封府，是一个清正廉洁、节俭朴素、铁面无私、秉公执法的官吏。毫无疑问，他可以称之为清官的典范。元代的包公戏，体现了当时人民心目中理想的清官形象，他们把自己的希望都寄托在“包青天”身上，盼望他能为民除害。

诚如郑振铎先生所言：“包待制在宋人话本里，只是一位精明强干的官僚。在明、清人的小说里，只是一位聪明的裁判官。但在元代杂剧里，他却成了一位超出乎聪明的裁判官以上的一位不畏强悍而专和‘豪权势要’之家作对头的伟大的政治家及法官。”[④]这样看来，历代的“包公戏”或许并非偶然的现象，说明秉公正法、肃贪倡廉是古今人们的一致企盼。

④ 郑振铎：《中国文学研究·元代“公安剧”产生的原因及其特质》，人民文学出版社，2000年版。

十七　晚明文学之独抒性灵

施蛰存认为部分晚明文人“对于正统的明代文学说起来，差不多都是叛徒”。[1]究竟晚明文人如何反叛传统文学？又为中国散文发展带来了什么新的风格呢？

天下至文出“童心”

晚明时期，学者李贽提出了“童心说”：“夫童心者，真心也”；“若失却童心，便失却真心；失却真心，便失却真人。”他又提出童心与文学的关系：

> 天下之至文，未有不出于童心焉者也。

李贽认为天下最好的文章，都出自“童心”，是作家真实思想情感和个性的自然表露，而不是形式上的追求。李贽的思想对晚明文人以及文学有巨大的影响。当时，文人袁宏道就反对模拟古人的文字，提出创作的态度应是：

> 大都独抒性灵，不拘格套，非从自己胸臆流出，不肯下笔。有时情与境会，顷刻千言，如水东注，令人夺魄。其间有佳处，亦有疵处，佳处自不必言，即疵处亦多本色独造语。[2]

袁氏指出文学作品以抒发作者性情为主，不受成法所限，讲究

① 陈子善、徐如麒编选：《施蛰存七十年文选》，页814，上海文艺出版社，1996年版。

②《袁中郎全集·文钞》，页5，广智书局，1950年版。

真实自然。又说，不论作品如何拙劣，有多少个瑕疵，还是自己的东西，并非摹拟得来的。其后，文人郑元勋更提出："吾以为文不足供人爱玩，则六经之外俱可烧。"认为文学要抛却一切道统以及教化的束缚，由传统的文学观念"文以明道"变为"文以自娱"。

袁宏道画像

一事一物见情趣

晚明小品就是这种思想观点在散文创作中的实践。这些小品文大都直抒胸臆，信笔挥洒，不拘一格，叙事、写景、抒情，短小精悍，新颖流丽。袁宏道认为发自真性灵的诗文，更能达到新奇的地步，令人喜爱，与抄袭的作品正好相反。陈继儒《田园有真乐》一文，向我们说明白了个中道理：

> 万事皆易满足，惟读书终身无尽；人何不以足知之一念加之书？……读书如服药，药水多力自行。

陈继儒拿读书与服药作类比，很是新颖奇特，看起来不相干的两件事，道理却是相通的。病人服药要有耐心，需要持之以恒，药力才能发挥；读书也是如此，不能急功近利，只有坚持不懈地学习，才能更上一层楼。

性情之自然表现，突出表现在日常的举止言行，故晚明文人喜欢将生活起居之小节写入文章，描写生活琐细者甚多，即使日常言谈、品茗、弈棋、游山等，亦有详细记录。与传统的古文相比，晚明小品文甚少阐发关于国家和社会的大道理，而是对一事一物表达个人感悟，透露出细腻的生活情趣。

山水游记显风采

晚明小品文中，以山水游记做题材的作品，成就最为突出。明末政治腐败，国运衰微，文人对时局失望，或以求自适，或以求保全性命，往往选择离开官场，遁迹山林。当时，几乎每一个作家都有游记的写作。袁宏道、王思任、徐弘祖、张岱等，作品尤佳，足以雄视古今。现在就看看张岱的《湖心亭看雪》，领略一下晚明游记的风采：

崇祯五年十二月，余住西湖。大雪三日，湖中人鸟声俱绝。是日更定矣，余拏一小舟，拥毳衣炉火，独往湖心亭看雪。雾凇沆砀，天与云与山与水，上下一白。湖上影子，惟长堤一痕，湖心亭一点，与余舟一芥，舟中人两三粒而已。到亭上，有两人铺毡对坐，一童子烧酒炉正沸。见余，大喜曰："湖中焉得更有此人！"拉与同饮。余强饮三大白而别。问其姓氏，是金陵人，客此。及下船，舟子喃喃曰："莫说相公痴，更有痴似相公者。"

这是一篇写赏雪的小品，寥寥二百字，描写景色，刻画入微，令人心醉。文章首段前二句通过写时间、地点，不着痕迹地引出下文的湖上大雪。"大雪三日，湖中人鸟声俱绝"，"绝"字，写湖上既无人声，也无鸟声，一片静寂，巧妙地通过听觉感受，让读者似见大雪封湖、白色铺天盖地的景象。作者在冰天雪地里，披着皮袍，"独往湖心亭看雪"，细细观赏四周的景色。

西湖湖心亭雪景

晚明小品一反传统的文学观念，后世不少学者对晚明的士风都鄙夷不屑。但是，仍然有学者看出它们的独特之处，林语堂就称赞说："个人笔调，盖全出己见，不曾摭拾前人，而体会微细之情，正是小品文本色。"[3]

③ 林语堂：《再谈小品文之遗绪》。

十八　明清小说的果报观

因果报应是一种深入民心的观念，对中国小说的创作也有一定的影响，有学者这样说道："果报作为一种普泛的小说内结构，主要是在明清时期才变得日益明晰突出。"[①]的确，不少明清小说包含了因果报应的观念，如西周生的《醒世姻缘传》、陆圻的《冥报录》、杨式传的《果报闻见录》、朱邦定的《阴德报应录》、冯梦龙的"三言"及凌濛初的"二拍"等。

因果观念

"因果报应"为佛家语。佛语云："善恶之报，如影随形，三世因果，循环不失。"意思是说：世间事物无一不是由因缘和合而生，有因必有果，有果必有因。佛家认为生命是一种无尽的轮回，因而提出六道轮回[②]、三世因果的说法。

佛像

其实，早在佛教传入中国前，中国文化已有"因果报应"的观念。如《周易·坤卦·文言》曰：积善之家，必有馀庆；积不善之家，必有馀殃。[③]《韩非子》亦说："祸福随善恶。"[④]

① 谢伟民：《因果报应：中国传统小说的一种内结构模式》，《社会科学辑刊》总第五十八期，页111，1988年第五期。
② 六道指天道、人间道、阿修罗道、地狱道、饿鬼道、畜生道。
③《十三经注疏·周易注疏》，页19，中华书局，1980年版。
④ 王先慎：《韩非子集解》，页198，中华书局，1998年版。

此外，在道教经典《太平经》中，因果报应说被概括为“善自命长，恶自命短”，又说善恶报应也会涉及后世子孙，后人要承负先人善恶所带来的报应。

中国社会有关果报观念的内容相当丰富，其中，又以佛家报应说最为详尽，加之受众极广，因而占据中心位置。

善有善报

这里，试以冯梦龙的“三言”为例，看看因果报应观在明清小说中的作用。“三言”中，有不少讲述善有善报的故事，从正面教导人们要行善积德。

《吕大郎还金完骨肉》中的吕玉因不贪财而种下善因，得到善果。故事讲述，有一天，商人吕玉拾得二百两银子，其后他得知是陈朝奉遗失的，于是便如数奉还。陈朝奉为表谢意，乃请吕玉回家做客，结果吕玉重遇失散多年的儿子。后来，吕玉与儿子回乡途中，仗义疏财拯救遇溺者，当中竟有一人是自己的弟弟吕珍。吕玉又从弟弟口中得知妻子有难，因而得以及时赶回家中拯救娇妻。吕玉回忆这一切，说道：

> 我若贪这二百两非意之财，怎勾父子相见？苦惜了那二十两银子，不去捞救覆舟之人，怎能勾兄弟相逢？若不遇兄弟时，怎知家中信息？今日夫妻重会，一家骨肉团圆，皆天使之然也。逆弟卖妻，也是自作自受，皇天报应，的然不爽。

故事末，又用这样一首诗作结：

> 本意还金兼得子，立心卖嫂反输妻。
> 世间惟有天工巧，善恶分明不可欺！

恶有恶报

所谓“善有善报，恶有恶报”，在“三言”中也有不少故事叙述因行恶而遭恶报，奉劝世人引以为鉴。

《蒋兴哥重会珍珠衫》的珠宝商陈大郎“只图自己一时欢乐”，便串通薛婆诱奸蒋兴哥的妻子王三巧。结果，他的恶行带来报应，客死异乡。而他死后，其妻平氏因举目无亲，生活困难，恰改嫁蒋兴哥。当蒋兴哥得知平氏乃陈大郎之妻时，就说道：

> 我今续弦，但闻是徽州陈客之妻，谁知就是陈商。却不是一报还一报！

至于巧儿因不守妇道，也得到报应。但因她被休后又救了蒋兴哥，还重恩情，所以恶果轻微，又被蒋兴哥接回，只是由正室变做偏房。在小说家看来，这当然又是一种因果报应，所谓：

> 恩爱夫妻虽到头，妻还作妾亦堪羞。
> 殃祥果报无虚谬，咫尺青天莫远求。

这些包含因果报应的小说，虽然蕴藏着一些较为迷信的思想，但是作者创作的目的是劝善惩恶，这点是不应该忽视的。诚如学者周策纵所言：“因果报应可说是宗教赋予中国传统小说的金科玉律。加上劝说、劝诫的特质，这便成为中国小说创作和批评的主流。”⑤

“三言二拍”书影

⑤ 周策纵：《传统中国的小说观念与宗教关怀》，载《中国小说与宗教》，页6，香港：中华书局(香港)有限公司，1998年版。

十九　清代讽刺小说之针砭时弊

最早提出讽刺小说这个名称的是鲁迅，他在《中国小说史略》中说："迨吴敬梓《儒林外史》出，乃秉持公心，指摘时弊，机锋所向，尤在士林；其文又戚而能谐，婉而多讽。于是说部中乃始有足称讽刺之书。"鲁迅认为，中国小说史上，《儒林外史》可以称得上是真正的讽刺小说。

《儒林外史》活现儒林怪象

吴敬梓的《儒林外史》，背景虽为明代中叶，实际上是影射清朝政府统治下的社会。整部小说，以文人士子和科举制度为主要描写对象，揭露当时社会的各种丑陋现象。《儒林外史》的讽刺非常含蓄委婉，作者不施褒贬，而以幽默的语言，抓住人物的传神之处，把明清时期儒林的怪现象，一一活现纸上。

小说中的范进从二十岁开始参加科举考试，直到五十四岁才考中举人。当他知道中举后，竟然发疯了：

> 范进不看便罢，看了一遍，又念一遍，自己把两手拍了一下，笑了一声道："噫！好了！我中了。"说着，往后一交跌倒，牙关咬紧，不省人事。老太太慌了，慌将几口开水灌了过来。他爬将起来，又拍着手大笑道："噫！好了！我中了。"笑着，不由分说，就往门外飞跑，把报录人和邻居都吓了一跳。走出大门不多路，一脚踹在塘里，挣起来，头发都跌散了，两手黄泥，淋淋漓漓一身的水，众人拉他不住，拍着笑着，一直走到集上去了。

科举发展到明清时，限定以四书五经的文句为题，规定文章的格式为八股文，使士人只知八股，变成呆书生。作者不露声色，将范进的丑态细致淋漓地描画出来，令人忍俊不禁，在笑声中进行讽刺，针砭时弊，展现出了在科举制度的荼毒下，儒林一片狼藉的悲剧。

《聊斋志异》借狐鬼故事讽世

诚然，《儒林外史》为杰出的讽刺小说；而明清时期，尤其是清代，小说创作之风大盛，不少作品亦都深具讽刺意味，包括《西游补》、《斩鬼传》、《平鬼传》、《何典》、《镜花缘》、《聊斋志异》、《豆棚闲话》、《官场现形记》、《老残游记》、《二十年目睹之怪现状》等，它们以不同的艺术技巧，嘲讽现实社会中的人和事。

众多作品中，以《聊斋志异》的成就最为突出。《聊斋志异》的成书略早于《儒林外史》，作者为蒲松龄。这部文言短篇小说集，大部分作品是写狐鬼神怪的故事，以幻境影射人间，作品往往传达出隽永的讽世意味。例如：《梦狼》是讲述主角白翁的儿子白甲到南服做官，三年无音信。有一天，白翁在梦中来到儿子的衙门，却看见“堂上、堂下，坐者、卧者，皆狼也”，阶前白骨如山，儿子白甲则化为一只老虎。白翁惊醒，急忙赶到南服劝诫儿子。可是白甲忙于贪赃纳贿，对劝告置若罔闻。作者把官府夸张成

《聊斋志异》书影

虎狼巢穴，官吏异化为猛虎恶狼，形象地表现出官吏的贪婪和暴虐。

嘲弄讽刺，别有深意

在上述小说中，作者把社会的种种丑陋现象展现在读者面前，予以嘲弄讽刺，是有其深意的。

《儒林外史》书影

《儒林外史》第三十七回的泰伯祠祭祀，作者将众多的人物角色集中在一起，这是全书唯一的一次，这显然是作者的刻意安排。泰伯是周族领袖的长子，他的弟弟季历有一个十分贤德的儿子姬昌（即周文王）；泰伯为了使姬昌将来能够继位，竟然逃往异地，把继承权让给弟弟。泰伯的至德，受到孔子的高度赞扬。小说具有推崇儒学礼教和宣扬泰伯甘于舍弃名利的用意。同样，蒲松龄的政治理想是孔子和孟子所提倡的仁政，儒家的道德观念则是他讽谕世态人情的准绳。

鲁迅对讽刺小说的研究有开拓之功，而他的小说创作，往往也具有辛辣的讽刺意味。例如，《阿Q正传》就是一篇成功的讽刺小说，作者通过阿Q这个可悲又可笑的形象揭露了以“精神胜利法”为核心的“国民劣根性”，希望借以唤起“疗救的注意”。可以说，这与清代讽刺小说的用意是一脉相承的。

二十　古代小说和戏曲的大团圆现象

朱光潜论及中国戏曲，曾说："随便翻开一个剧本，不管主要人物处于多么悲惨的境地，你尽可以放心，结尾一定是皆大欢喜，有趣的只是他们怎样转危为安。"[①]其实，不仅是戏曲，不少明清小说在结构上都是采用"先悲后喜"的大团圆模式。

"有情人终成眷属"

大团圆的结局，是中国古典戏曲中一个很明显的特色。其中影响最大的要数《西厢记》，它所期盼的"愿普天下有情的都成了眷属"，几乎成了这类戏的共同主题。

元人王实甫的《西厢记》（全名《崔莺莺待月西厢记》），写书生张君瑞上朝赶考，途经河中府，在普救寺巧遇前相国之女崔莺莺，二人一见钟情，在婢女红娘的帮助下，越礼幽会，私订终身。崔母不愿把女儿许配一个穷书生，逼迫张生上京赶考，获取功名，

《西厢记》情景图

① 朱光潜：《悲剧心理学：各种悲剧快感理论的批判研究》，页218，人民文学出版社，1983年版。

才答允婚事。后来，张生终于一举及第，高中状元，归来与莺莺成亲。这个故事本源于唐代诗人元稹的传奇小说《莺莺传》。小说本来是悲剧结局：张生赴京应试，最后将莺莺遗弃。这个故事产生以后，引起很大的反响，人们对莺莺的悲惨遭遇寄予了同情。到了金代文人笔下，悲剧演变成喜剧，莺莺和张生最终美满团圆。王实甫对历史流传的崔、张故事进行了全面的加工，编写成歌颂爱情、反对封建礼教的杂剧《西厢记》。

“合—离—合”的结构模式

才子佳人小说盛行于清初顺治、康熙、雍正年间，数量有四五十种之多，是清代爱情婚姻小说的一个流派，作品主要有《玉娇梨》、《平山冷燕》、《好逑传》、《两交婚》、《赛花铃》、《金石缘》等等。

这类小说以描写才子与佳人的爱情婚姻故事为主，小说结构通常由“合 — 离 — 合”三部分所构成：故事先叙述才子与佳人相遇，通过诗赋的交流，互相仰慕，私订终身。接着，由于小人从中作梗，才子与佳人遭受乱离和磨难。后来，冲破种种障碍，才子金榜题名，与佳人结成美满婚姻，大团圆结局。例如：《玉娇梨》中的男主角苏友白在高中科举后与女主角白红玉、卢梦梨喜结良缘；《平山冷燕》的男主角燕白颔、平如衡同时高中，奉旨成婚，分别与女主角冷绛雪、山黛喜结连理；《好逑传》中的铁中玉与水冰心，《飞花咏》中的昌谷与容如，《定情人》中的双星与江蕊珠，无一不是如此。

迎合观众或读者的期待心理

对于这种大团圆的现象，王国维有这样的见解：

> 吾国人之精神，世间的也，乐天的也，故代表其精神之戏曲小说，无往而不着此乐天之色彩，始于悲者终于欢，始于离者终于合，始于困者终于亨；非是而欲餍阅者之心难矣！②

② 王国维《红楼梦评论》，见《王国维论学集》，页358，中国社会科学出版社，1997年版。

他以民族精神的体现来解说，认为这种结构模式是中华民族的传统文化观念和乐观的审美心理。在以“仁爱”、“忠恕”为基本道德原则的文化环境里，人们希望看到故事中那些不幸的主角有一个美好的结局。如果就真实生活的常理而言，故事人物不可能摆脱不幸的遭遇，那么通过艺术的想象使其从不幸中超脱出来，就颇能与观众或读者的期待心理相符合。

鲁迅和胡适在论述中国人的国民性时，对这种现象加以抨击：

> 中国人的不敢正视各方面，用瞒和骗，造出奇妙的逃路来，而自以为正路。[③]
>
> 闭眼不肯看天下的悲剧惨剧，不肯老老实实写天下的颠倒惨酷，他只图说一个纸上的大快人心。[④]

两位学者都认为这种大团圆模式的安排是不切实际的幻想，并给读者很坏的影响，使人民不肯面对悲剧。

对于这种大团圆现象，历来褒贬不一，争议不休。可是，对于普通大众来说，时至今日，大家所期待的结局，仍是这种皆大欢喜的团圆。

③《鲁迅全集》卷一，页221，人民文学出版社，1973年版。
④ 胡适：《文学进化观念与戏剧改良》，载《新青年》卷五第四期。

二十一　“五四”时期的文学革命思潮

现代文学也称为“新文学”，诞生于“五四”时期。文学革命作为“五四”新文化运动的重要一环，成就蜚然：白话文取代了文言文，新文学代替了旧文学。

文学形式的改良

现代文学的精神在于改革旧文学，建立新文学。胡适是“文学改良”的主要人物之一，他反对用文言写作，主张以生动活泼的白话文，表情达意。1917年1月，胡适在《新青年》杂志上发表了《文学改良刍议》，提出八项主张，即著名的“八不主义”：

1.须言之有物；　2.不摹仿古人；
3.须讲求文法；　4.不作无病之呻吟；
5.务去烂调套语；　6.不用典；
7.不讲对仗；　8.不避俗字俗语。

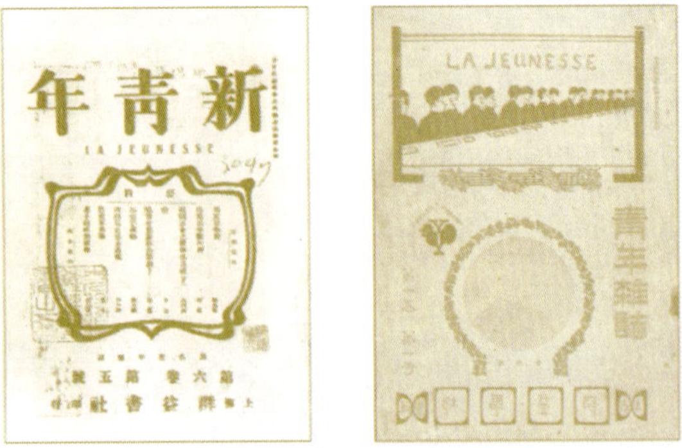

《新青年》及其前身《青年杂志》书影

胡适提倡白话文学，为中国文学带来了一项前所未有的大突破，引起很多年轻知识分子的响应。“五四”时期的白话书刊、报纸如雨后春笋地涌现，据统计，当时单是各地学生团体的小报纸就至少有四百种。[1]

现代文学史上的第一批新诗，就是胡适、刘半农、沈尹默于1918年1月在《新青年》上发表的。同年5月的《新青年》，亦刊登了鲁迅的《狂人日记》，猛烈抨击旧思想、旧道德，不少现代文学史家，都认为这是中国新文学的第一篇白话小说。

文学内容的革新

胡适的文学改良主张主要论及文学的语言和技巧，而陈独秀则多论及文学的内容。陈氏在《文学革命论》一文中提出反对“贵族文学”、“古典文学”和“山林文学”，主张建立“国民文学”、“写实文学”及“社会文学”。[2]他期望摒弃只属少数人才懂得享受的旧文学，建设属社会上大多数民众能享受的新文学。

而到了周作人笔下，对“文学的内容”有了更充分的阐述。周氏说：

> 我们现在应该提倡的新文学，简单的说一句，是“人的文学”，应该排斥的，便是反对的非人的文学。[3]

周作人认为文学“不必记英雄豪杰的事业，才子佳人的幸福，只应记载世间普通男女的悲欢成败”，突出了一般平民百姓可以作为文学描写的对象，表现了对平民的关注。

社会人生的反映

其实，“五四”时期主张文学革命的人，不少都认为中国传统的文学观不是视文学为“载道”的工具，就是视文学为装饰品和享乐品。陈独秀曾批评传统文学是：

---

① 吴文祺：《近百年来的中国文艺思潮》，载《学林》，页1-22，1940年11月号。

② 陈独秀：《文学革命论》，载《中国新文学大系》第一集，页72-74，香港文学研究社，1972年。

③ 周作人：《人的文学》，载《中国新文学大系》第一集，页222。

其内容则目光不越帝王权贵，神仙鬼怪，及其个人之穷通利达。所谓宇宙，所谓人生，所谓社会，举非其构思所及。[4]

他认为中国传统文学内容贫乏，取材狭隘，没有关注文学与宇宙、人生和社会的关系。其后，不少文人都提倡反映社会人生的文学，带出一种新的文学观念。茅盾说：

茅盾

西洋研究文学者有一句最普通的标语：是“文学是人生的反映（REFLECTION）。”人们怎样生活，社会怎样情形，文学就把那种种反映出来。譬如人生是个杯子，文学就是杯子在镜子里的影子。所以可说“文学的背景是社会的”。[5]

“五四”时期新文学的倡导者与推动者，鼓励文学反映人生、反映社会，其最终目的，是希望文学能改良社会，摒弃旧社会的陋习。诚如成仿吾所说：“在我们这种良心病了的社会，文学家尤其是任重而道远。”[6]这种反映人生、改良社会的文学思想，得到20世纪20年代初期两大文学团体的支持。当时，不论是有“人生派”称号的文学研究会，还是充满个人唯美主义色彩的创造社，都主张或倾向文学创作的实用价值，可说是代表了现代文学初兴时的创作路向。

④ 陈独秀：《文学革命论》，载《中国新文学大系》第一集，页73。
⑤ 茅盾：《文学与人生》，载《茅盾评论集》第四集，页28，东京都立大学人文学部中国文学研究室第四集，1966年。
⑥ 成仿吾：《新文学之使命》，载《中国新文学大系》第二集，页191。

二十二　鲁迅文学的时代精神

鲁迅在1920年至1930年代出版的作品有小说集《呐喊》、《彷徨》，杂文集《热风》、《坟》、《华盖集》，译文集《苦闷的象征》、《出了象牙之塔》等。这些作品不仅深入挖掘了中国社会的病根，又体现了传统文化与外来文化的相互交流，堪称“文学革命”中最杰出的实践者，影响至为深远。

“揭出病苦”

鲁迅是把文学创作和反映人生、改良社会联系在一起的。他说：“我的取材，多采自病态社会的不幸的人们中，意思是在揭出病苦，引起疗救的注意。”①

《狂人日记》是中国现代小说的开山之作，也是鲁迅投身于“五四”思想革命的重要开端。小说中的狂人，时时恐怕被迫害，以为四周的人都要把他吃掉。鲁迅通过狂人之口，控诉旧家族制度、礼教的弊病，发出了“将来容不得吃人的人活在世上”的呼号。小说里最常被人引用的话，是：

> 我翻开历史一查，这历史没有年代，歪歪斜斜的每页上都写着“仁义道德”几个字。我横竖睡不着，仔细看了半夜，才从字缝看出字来，满本都写着两个字是“吃人”！

这篇小说可说是他彻底反对旧思想、旧道德的“宣言”，其后

① 鲁迅：《我怎么做起小说来》，见《鲁迅全集》卷四，页526，人民文学出版社，2005年版。

的《祝福》、《在酒楼上》、《伤逝》、《孤独者》、《明天》、《示众》等作品中刻画了形形色色的人物，皆是揭示旧式家庭与社会的癞疮疤，批判旧文化的弊端。

"拿来主义"

鲁迅画像

鲁迅在从事小说创作的同时，又创作了大量的杂文。他视杂文是匕首、投枪，抨击社会的弊病，批判国民的劣根性，尖锐利落。他的杂文有多样风格和笔法，嬉笑怒骂皆成文章，往往在会意的一笑中达到讽刺的效果，蕴涵着丰富的思想和深刻的社会意义。例如《爬和撞》一文描写往上爬的人群中，"老实的照着章程规规矩矩的爬，大多是爬不上去的"，要像"聪明人"那样，把别人推开、推倒、踏在脚下，才能爬上去。鲁迅借此一针见血地抨击人性丑陋的一面。

此外，鲁迅在《坟·看镜有感》一文中，也提出了要以汉唐气魄，放开度量吸收外来文化的重要见解。后期，鲁迅针对中国一向奉行的闭关主义，更鲜明提出了"拿来主义"的主张，这主要是针对取用外国文学的问题。鲁迅说：

> 总之，我们要拿来。我们要或使用，或存放，或毁灭。那么，主人是新主人，宅子也就会成为新宅子。②

他认为，对于外来文化，既要大胆"拿来"学习，又不能全盘接受，要懂得"挑选"。鲁迅认为汲取外来文化的有益养料，能推动中国文艺的发展。

② 鲁迅：《拿来主义》，见《鲁迅全集》卷六，页41，人民文学出版社，2005年版。

此一论点与新文化运动时期提倡西方“民主”和“科学”的精神，相互呼应，都是期盼为中国带来新的气象。

“引起疗救”

鲁迅曾经学医欲以治病救人。当他在日本仙台学医时，正值日俄战争，一位教授于课堂上放映一些时事的幻灯片，出现中国人替俄军做侦探被日军砍头，而围观的同胞却流露出麻木神情的镜头。鲁迅看后深受刺激，说道：

> 因为从那一回以后，我便觉得医学并非一件紧要事，凡是愚弱的国民，即使体格如何健全，如何茁壮，也只能做毫无意义的示众的材料和看客，病死多少是不必以为不幸的。所以我们的第一要著，是在改变他们的精神，而善于改变精神的是，我那时以为当然要推文艺，于是想提倡文艺运动了。③

由此可知，鲁迅放弃医学，从事文学创作活动，是希望拯救中华民族的灵魂。《狂人日记》小说最后几句：

> 没有吃过人的孩子，或者还有？
> 救救孩子……

鲁迅希望唤起人们的反省，从“吃人的礼教”中醒悟过来，救救孩子，保护他们不要再重蹈覆辙。

鲁迅曾说：“角逐列国是务，其首在立人，人立而后凡事举。”④意思是说，要在世界各国的激烈竞争中脱颖而出，首要的任务就是培养人，人的素质提高了，什么事情都可以办好。鲁迅以笔代舌，通过其小说、杂文、散文等，为中国现代文化提供了取之不竭的精神资源。

《狂人日记》书影

③ 鲁迅：《呐喊·自序》，见《鲁迅全集》卷一，页439，人民文学出版社，2005年版。
④ 鲁迅：《文化偏至论》，见《鲁迅全集》卷一，页58。

中華文化擷英

专题四

艺术与审美

一　独树一帜的汉字书法

据说“草圣”张旭的草书所以能写得龙飞凤舞，是因为从一个叫公孙大娘的剑舞中悟得了笔法。公孙大娘的剑舞轻盈敏捷，时如蛟龙出水，时如猛虎下山。张旭经过细致的观察和揣摩，将公孙大娘舞剑时的凌厉气势融合在自己的草书运法中，终于达到“如走龙蛇，奇险万状，急风骤雨，变化无常”的境界。虽然不是每一个人都能看懂张旭所写的字，但是人们却一致欣赏他的书法所展现的艺术美。

线条造型的艺术美

书法本来只是与文字书写有关的一门交流形式，人们的书写实践经验积累到相当程度以后，才逐渐向审美层面升华，在具备实用功能之余，也具备了欣赏的价值。

书法艺术的形成，和汉字线条造型的特色的关系是不可分割的。汉字本来是一种象形化文字，古人从中归纳出“象形”、“指事”、“会意”、“形声”等构字方法。象形字本身具有图像之美，汉字的象形化、结构多变的形态本身就富有艺术性。汉字书写的特有工具——毛笔，又极富弹性，能作粗细、虚实、曲直、刚柔等各种形态的线条。汉字、毛笔、墨汁、宣纸，使中国的书法在世界成千上百种以上的文字中，成为独具一格的线条造型艺术。

书法，书写的是汉字，所表现的是线条的艺术造型。它的线条美，一方面表现在线条自身是否“圆”、“润”；另一方面，表现在线条组合结构和章法上，也就是运用互相呼应和字与字之间的大小对比，使单个的字与若干字组成的篇，成为一个完美的整体。

古人有“书道”之论，通过线条的造型，表现自己的思想感情和意趣。认为练习书法可以陶冶性情，培养美好的人格情操。一幅成功的书法可以表达书法家的志向、修养和情趣，欣赏者更可以随着笔墨的变化而与书法家产生共鸣。

名家辈出，众体兼备

中国书法历史悠久，硕果累累，名家辈出，众体兼备，各擅胜场。

魏晋南北朝，是书法发展史上繁花似锦的时期，隶、草、行、楷各种书体同时发展，风格多样，各臻其妙。这个时期，相继出现中国书法史上钟繇和王羲之两位大书法家。王羲之更从钟繇的隶、楷用笔技法中脱胎换骨，对字形及笔势作分析研究，推陈出新，所书《兰亭序》字体清劲，章法严谨，被誉为“天下第一行书”。

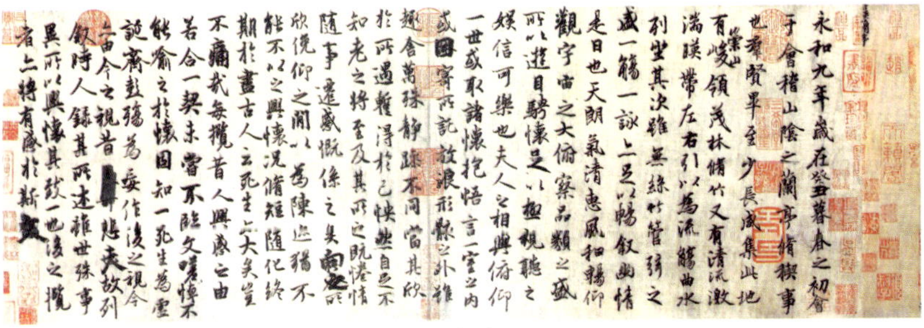

兰亭序

作为书法艺术发展高峰的唐代，初唐欧阳询的险劲、虞世南的温雅、褚遂良的遒厚、薛稷的疏朗，他们都以楷书名世，而同中有异。中唐的颜真卿和晚唐的柳公权两位大书法家，对后世影响殊深。“颜体”端庄浑厚，“柳体”骨力遒劲。至于张旭的草书，天马行空，不可羁勒，世所推重。

宋以来，有“宋四家”之称的苏轼、黄庭坚、米芾、蔡襄，别树一格的宋徽宗赵佶，宋元之际的赵孟頫，明代的文徵明、董其昌，清代的郑板桥等人，成就最为突出。他们大都是出色的文学家兼艺术家，书风带有浓厚的人文气息，以气韵取胜，留下了一篇篇传世的书艺佳作。

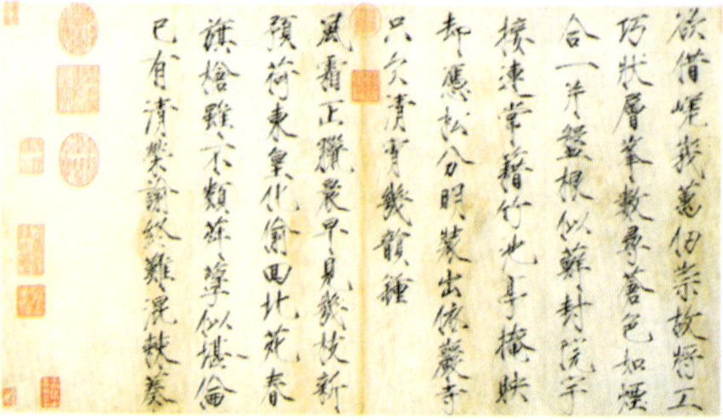

宋徽宗的瘦金体书法

电脑书法和毛笔书法

回顾书法史上群星璀璨的时代，确是值得我们引以为傲的。但是随着时代的推移，现代社会电脑输入汉字方便快捷，各种书法字体俱备，使用者想选用哪一种字体都十分方便。这样一来，不禁令人担忧毛笔书写艺术是否还有保留的价值？会不会因此而被淘汰呢？

我们衡量书法艺术的存在价值，是不能纯粹以实用价值去评判的。从实用功能出发，电脑字也许可以取代部分毛笔书法的实用功能，例如制作宣传单张，为了方便快捷，使用电脑字是无可厚非的。不过，毛笔书法仍存在着其独特的实用功能，而且和艺术功能可以互为表里，例如用于题字、牌匾等方面，如果使用电脑字的话，终觉呆滞、生硬，缺乏亲切感和艺术性。

毛笔书法所展现的除了线条的艺术美外，还可从中感受到书写之人不同的精神气质。随着书法线条的运行与变化，可以拉近读者和书法家的距离，而这些正是电子化的字体所不能代替的特质。

练习毛笔书法更可以陶冶性情，怡情养性，提升个人品格，就好像是对美和善的追求，即使时代不断演变，人们对美和善的追求是不会轻易更改的。

二 “颜筋” “柳骨”

唐代的颜真卿和柳公权，世称“颜柳”，是公认的大书法家。苏东坡曾评谓：“至唐颜柳，始集古今笔法而尽发之，极书之变，天下翕然以为宗师。”①

雄秀温润颜真卿

颜真卿（709–785），字清臣，京兆万年（今陕西西安）人。官至吏部尚书、太子太师，因受封鲁郡公，世称颜鲁公。史载他立身刚正不阿，不畏权贵，以忠义闻名于世。其书法：“雄秀独出，一变古法，如杜子美（甫）诗，格力天纵，奄有汉、魏、晋、（南朝）宋以来风流。”②集前人之大成，推陈出新，实乃书法史上一座丰碑。

中国人论书法之道，向来有“书如其人”的审美评价。颜真卿的书法与其人品一样，历来受到人们的崇敬。在颜真卿身上，书品与人品都堪称典范，从其书作而可想见其伟大的人格。欧阳修曾说：“斯人忠义出于天性，故其字画刚劲独立，不袭前迹，挺然奇伟，有似其为人。”③我们观看他的翰墨之风，刚毅雄特，含蕴深厚，有如忠臣义士，正色立朝，望之俨然，临大节而不可夺。

颜真卿的书风，广收博取，开创了一种以端庄雄伟、方严正大、气势开张的格局，“如荆卿按剑，樊哙拥盾，金刚瞋目，力士挥拳”。他的楷书，由初唐的瘦长变方形，竖画略带弧形，方中有圆，巧用藏锋，雄浑劲秀，人称“颜筋”。

---

① 苏轼：《书黄子思诗集后》。
② 苏轼：《东坡题跋》。
③ 欧阳修：《集古录》。

试看其《多宝塔碑》，厚而不险，体严法备，庄重平实有法，笔画横细有致，而且锋芒毕露，正而不媚，从中可窥见颜氏朴实敦厚的个性特征。

再观其《颜勤礼碑》，结构圆融，笔力遒厚，温文儒雅，融篆、隶、楷、行各体于一炉，而卓然自成一格，极显“颜体”楷书的个性。

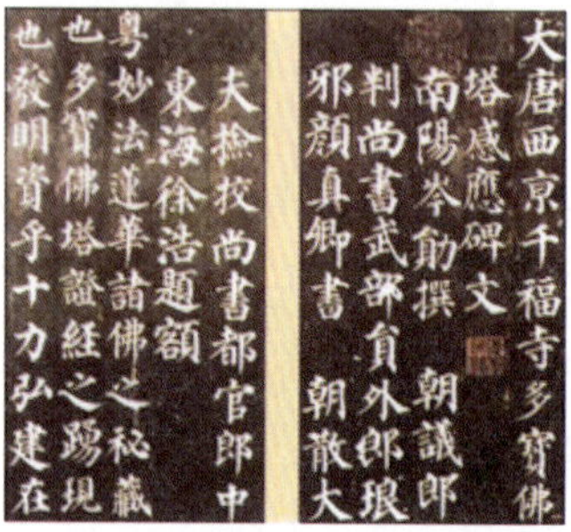

多宝塔碑

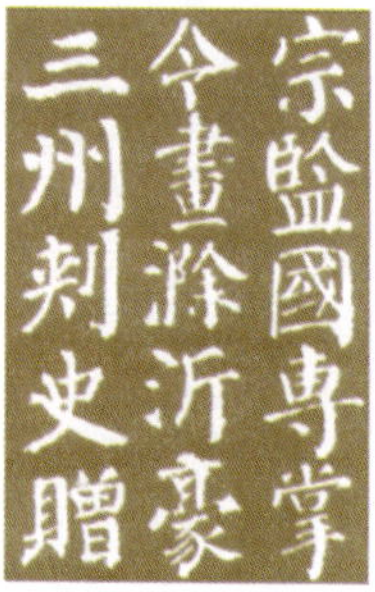

颜勤礼碑

论书者尝谓：“诗至于杜子美，文至于韩退之（愈），书至于颜鲁公，画至于吴道子，而古今之变，天下之能事毕矣。”④

骨力刚健柳公权

柳公权（778–865），字诚悬，京兆华原（今陕西耀县）人。唐宪宗元和初年进士，历仕三朝，官至太子少师，世称柳少师。他自幼喜爱书法，能诗善文，尤精于书艺。柳公权和颜真卿一样，遍阅百家而独成一格。书风具有颜真卿的遒劲一面，又结合了欧阳询的瘦硬特色，形成骨力奇崛、刚劲挺拔的特色，为书法史上的又一座丰碑。

《新唐书》本传这样评价他的书法：“体势劲媚，自成一家。”《旧唐书》记载，柳公权书写“上都西明寺《金刚经碑》，有钟（繇）、王（羲之）、欧（阳询）、虞（世南）、褚（遂良）、陆（柬之）之体，尤为得意”。和筋肉劲健而偏于肥润的颜体相比，其骨力突出而略显劲瘦的特点是很明显的。世人“颜筋”、“柳骨”并称，相映成趣，各有千秋。

④ 苏轼：《书吴道子画后》。

“用笔在心，心正则笔正。”这是柳公权对自己书法的最佳注脚。因为他性格刚直，经常借书法向皇帝进行讽谏，后世因而传有“笔谏”的佳话。他的字在唐穆宗、敬宗、文宗三朝就已受到高度重视。由于书名显赫，德望高崇，当时，甚至连外国的使者也专门来求他的墨宝。

保存在西安碑林的《玄秘塔碑》是柳公权的传世之作，书风刚劲挺拔，结构紧密，中锋正笔，方圆并用，明人王世贞谓：“柳书中之最露筋骨者，遒媚劲健，固自不乏，要之晋法亦大变耳。”⑤

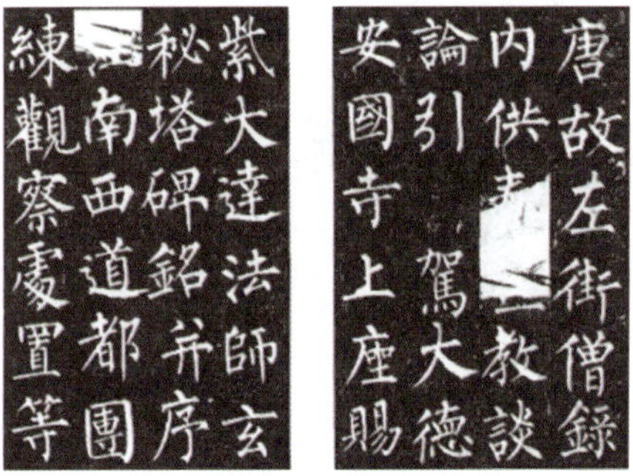

玄秘塔碑

和“颜体”相比，柳公权的书法少了颜字肥润均匀的特色，而呈现棱角分明，笔画仿如刀切一般爽利，创造了独具艺术风格的“柳体”。康有为曾说：“柳公权出，矫肥厚之病，专尚清劲。”⑥观看《玄秘塔碑》，但见其险劲、瘦硬、雄逸、豪迈而不失典雅和雍容，神采粲然。而其“笔正”之处，和颜体同出一辙，纵横低昂之间皆可见其志，洵然有如忠臣烈士，道德君子，端正庄重，使人敬而爱之。

“颜筋”“柳骨”，各领风骚，相得益彰。因而，千百年来，不独苏东坡对其推崇备至，更赢得了世人一致的喜爱。

⑤ 王世贞：《弇州山人四部稿》。
⑥ 康有为：《广艺舟双楫》。

三 文人画的写意寄情

文人作画，往往能自出新意。据说苏东坡画竹，就别有一番情趣。有一次，他用朱色画了一幅竹子，旁人笑道："天地间哪有红色的竹子呢？"东坡却反问："难道竹子又有墨色的吗？"苏东坡的朱竹，风致潇洒，是因为他画出了竹子的神貌，因此是朱画还是墨画，外形是否如同原来的物象，那并不是最关紧要的。

"形"与"神"之间

这里涉及一个有关国画的审美问题，即"形"与"神"之间的关系。

所谓"形"，是指事物的外貌和形态；所谓"神"，是指事物的气质和特性。画家在绘画的时候，除了注重事物外表的特征外，更加重视表现事物的内涵，以求进一步表现其的内心情感，不只是单纯地描摹山水鸟兽的形态，而更为重要的，是在所绘画的物象中融入自己特有的心中喜好和精神气质。因此，一幅佳作往往又蕴涵着画家的品格情操。苏东坡以此来区分"文人之画"与"画匠之画"，提出"论画以形似，见与儿童邻"的看法。

文人绘画，作为中国美术史上的一种现象，自北宋以后，逐渐成为主流。文人以作品来寄托精神，重视主观意趣与自然之景的结合，而非纯粹的物象再现。这一种创作思维的确定，为画境开拓了更为深广的内涵，对后世产生了深远的影响。

"诗中有画，画中有诗"

由于古代的读书人大都能诗善画，因此文人画又具有"诗中有画，画中有诗”的特色。

“诗中有画”是说诗歌中的意境鲜明如画，“画中有诗”是说画中有诗一般的意境美。二者都追求一种共同的意境和情趣，艺术的精神和旨趣是相通的，因此，古人又有“诗画一家”的说法，说明诗和画之间有着不可分割的关系。

雪溪图

王维是盛唐时著名的诗人，同时又是造诣极高的画家，他的画是文人画典型的代表，后人推为文人画的始祖。例如他的名作《雪溪图》，但见草屋两三间，寓于深山，四周一片静谧，白雪飘飘，恬淡宁静，情景交融，营造出一幅极富意境的图画。

《雪溪图》表现的意境和王维诗歌所渗透的恬淡宁静之风异曲同工，正如同他的“行到水穷处，坐看云起时”、“明月松间照，清泉石上流”、“月出惊山鸟，时鸣春涧中”等诗句，都包含着一种佛家的意趣，一种淡静的意境。他的创作，通过诗与画相互交融，把诗一般的意境融入画面，使画面具有深邃静谧的诗境。

苏东坡对王维推崇备至，曾说：“味摩诘（王维）之诗，诗中有画；观摩诘之画，画中有诗。”[①]不愧慧眼独到。清人亦说：“画中雪景，唐以前但取形似而已，气韵生动自摩诘开始之。”[②]王维的画得心应手，意到境成，造理入神，妙笔天成，故自唐以降，树立了文人画的典范。

宋元之际的赵孟頫，也是一位了不起的文人画家，他是中国山水画在宋元变革时期的关键人物，力主画贵神韵，提倡简率质朴。在追求古意中融入自我，风格或深秀，或含蓄，或古雅，诗境圆融。但观其意趣盎然的《鹊华秋色图》，即可见一斑。

此画乃写鹊山及其附近的秋色风光：秋山红叶，掩映着房舍

①《东坡题跋》卷四。

② 王原祁：《雨窗漫笔》。

数间，景色清旷、平远。画面以墨色线条为主，略施青绿，清幽淡远，注入了较强的主观情趣。明代画家董其昌在题跋中这样赞誉道："兼右丞（王维）、北苑（五代董源）二家画法，有唐人之致去其纤，有宋人之雄去其犷。"特别推崇这幅画的文人气质和书卷气。

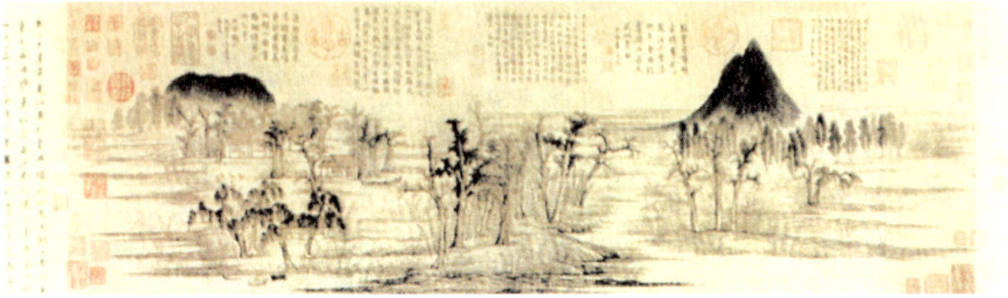

鹊华秋色图

忘形得意，意外之趣

除了理解画家如何观物有得，在创作过程中融入个人情意以表达物象的天然意境外，文人画还着意画作的终极旨趣，提出画要"忘形得意"，觅求"意外之趣"、"弦外之音"，把作品的风格联系到画家的人格及文化修养，爱其画者，兼取其为人。苏东坡也有类似的看法，他把"萧条淡泊"的思想扩及书法，认为"萧散简远，妙在笔墨之外"，欣赏"疏淡"中含有意趣之作。

文人画从"重写真"到"尚写意"的发展过程，是绘画艺术逐渐脱离物质的具体特性，向文艺审美靠拢的过程，除了作为视觉艺术欣赏外，更着重的是其人文思致与画外意趣。

"画"和"琴"、"棋"、"书"合称四绝，与文人结下了不解之缘。古代的读书人，在生活闲余，写诗作画，似乎成为了不可或缺的赏心乐事。

四　松竹梅有本性

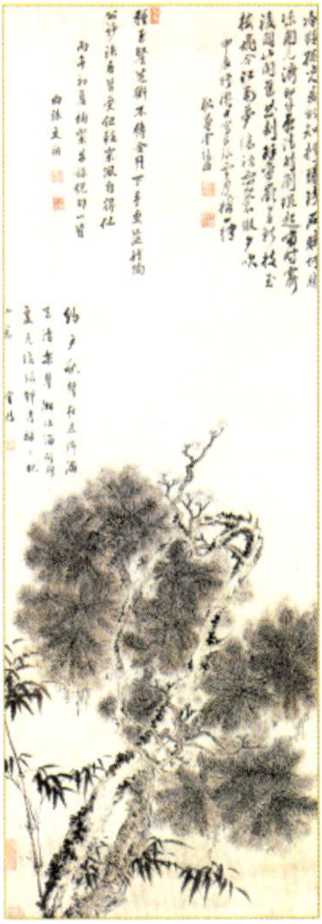

松、竹、梅岁寒三友

松、竹、梅三种植物，各有其特性：松者，四季常青；竹者，经年不凋；梅者，耐寒傲雪。三者有“岁寒三友”的美称，在中国，一直是文人作家笔下的宠儿，数千年来，以此为艺术素材的画作不可胜数，成为一道特别的风景线。

百木之长，挺立不倒

松树的坚毅，在岁末隆冬之际尤为显著。自古以来，松就一直是高人逸十的代表，被列为“岁寒三友”之首。

《论语》赞道：“岁寒，然后知松柏之后凋也。”《史记》则称松为百木之长。诗文中更有不少吟咏松柏的名篇，例如：“亭亭山上松，瑟瑟谷中风。风声一何盛，松枝一何劲，冰霜正惨凄，终岁恒端正。岂不罹凝寒？松柏有本性！”在北风呼啸的严冬，松树依然挺立不倒，可见它是何等的坚毅。松柏的这种“本性”，正是高人逸士所追求的理想人格。

松树所以为人们所重视，不仅因为它那特殊的形态美、气质美，也因为其长寿，古诗云：“大翼垂天九万里，古松拔地五千年。”可见松树具有多么顽强的生命力。

松

竹

枝干挺拔，高风亮节

说到竹，原本是种平凡不过的植物而已，却跟我国的文化有不可分割的关系，形成了独特的“竹文化”。

竹之所以跟中国文化结下不解之缘，与其特性有莫大关系——虚心直节，中空外直；不畏风霜，四季常绿。竹的枝干挺拔，象征其坚贞不移、高风亮节的品格，代表着正直无私、虚心向上的精神，所以文人作家对竹特别偏爱。

说到画竹的名家，人们自然就会想到郑板桥。郑板桥一生最喜爱竹，他在《题画竹》中精辟地说出自己的画竹心得：“江馆清秋，晨起看竹，烟光、日影、露气，皆浮动于疏枝密叶之间。胸中勃勃，遂有画意。其实，胸中之竹，并不是眼中之竹也。因而磨墨、展纸、落笔……总之，意在笔先者，定则也。”郑板桥画竹，有时寥寥数笔，只画“一枝竹十五片叶”，有时却是密密一丛，满幅皆竹。有时立竿于山坡崖壁，傲然挺拔；有时画竹于狂风暴雨之中，不肯低头。或以石为背景，或相互烘托，或前后呼应，变化多端，各尽其妙。这里所说的“眼中之竹”、“胸中之竹”的理论，是指在艺术创作上，把现象和想象，客观和主观，真实和艺术有机地融合为一体，是既师法自然，又高于自然的艺术境界。

孤高雅洁，不畏霜雪

百花之中，文人雅士所最爱者，则非梅花莫属了。

平常人们看见的，如牡丹的富贵，芍药的冶艳，桃李的妩媚，都是很美丽的，然而假使遇上风寒霜露降临，往往很快便凋萎。在疾风与积雪的气候下，很快就沦于枝条枯槁、落叶飘零的结局。文人作家对于梅花情有独钟，就在于当寒冻尚未解、雨雪仍纷纷之时，众芳已屏闭生气，百花亦都凋谢，唯独梅花，不畏严寒的朔风，萌发着春意，宣告着阳和之气，给凝寒的大地带来生机。

梅花那飘逸的神韵，既去轻佻之态，也无妖冶之色，与晶莹的雪花相映成趣，就像高洁隐逸的人不与世俗同流合污，而特立独行，又像忠臣烈士身处险境，而持节不移。

梅花那幽香暗袭，使人无法分辨它来自何处，即使植于竹篱茅边，也不减她的清香。就好比有涵养之人虽然不爱自我炫耀，而其风采自然无法掩盖。文学家冠梅花以“花魁”的美誉，然而梅花并不骄傲，无意与群芳争妍斗丽，招引狂蜂浪蝶，只是默默地傲然独立于万里雪地之中，为人们捎来春的信息；纵然凋落的时候，也将自己化为动听的音符，谱写一曲感人的迎春之歌。

梅

松、竹、梅所代表的，是一种扎根于土地，坚忍不拔的文化气质，长久以来被赋予一种特殊的拟人化的人格意义，这种属于中华民族的特征，表现出中国人极为重视的精神净化的追求，以此作为修身、养性、明志的标志。

五　雅俗共赏的戏曲艺术

原来姹紫嫣红开遍，似这般都付与断井颓垣。良辰美景奈何天，赏心乐事谁家院！朝飞暮卷，云霞翠轩；雨丝风片，烟波画船。

明代戏曲家汤显祖《牡丹亭》里这一段有名的唱腔［皂罗袍］，曲词优美深切，流丽幽雅，而且情景交融，通俗而不失典雅，谱上昆曲音乐后，传唱不歇，受到人们热烈的喜爱。

从歌舞到舞台表演

据统计，中国的戏曲，有超过三百个剧种之多，在世界戏剧史上也是首屈一指的。

悠久的戏曲艺术，它的起源可追溯到原始时代的歌舞。及至汉、唐时代，逐渐发展成带有简单故事情节的歌舞表演。南宋时，无论是演出的内容、程序，或人物角色方面，都已有一定的规范。

元初，由于都市经济的繁荣和文化积淀的丰富，为“杂剧”的创作和演出提供了有利的条件。当时，不少有才华的文人，如关汉卿、王实甫、马致远、白朴等剧作家，仕途上不得意，转而将全部精力投放于“杂剧”的剧本创作，甚至粉墨登

戏曲表演

场。这样一来，演出的形式、音乐的创作、曲词的文学性和舞台的设计都出现了突破性的飞跃。

到明代，“南戏”日趋兴盛，元杂剧渐趋衰微。当时的“南戏”剧本称为“传奇”，突破了元杂剧四折一剧的结构形式。音乐唱腔上也很自由，同台演出的角色都可唱可白，还可齐唱。这一时期，产生了海盐腔、昆山腔、弋阳腔和余姚腔“四大声腔”，可谓戏曲艺术史上最为繁荣的时期。汤显祖的《牡丹亭》，正是这一时期杰出的代表作品，反映出当时的社会风貌，是曲艺中的佳构，堪称戏曲发展史上的里程碑。

古代社会，消遣方式本就不多，自元代以后，通俗而不失典雅的戏曲，和市民一拍即合，成为他们生活的一个组成部分。

剧种命名富有地方色彩

有了广泛的欣赏者，戏曲艺术的蓬勃发展也就势在必然了。现有的三百多个剧种，它们又是怎样命名的呢?

说起命名，大都和剧种所产生的地方相关，具有浓厚的地方色彩。如京剧兴盛于北京，就名为京剧；产生于湖南的剧种，定名为湘剧；产生于古越所在地绍兴的就命名为越剧。这种命名方式很普遍。也有以所运用声腔的特色来区分的，如河南梆子、河北梆子、山东梆子、山西梆子等，是属于省级有代表性的剧种，所以用省市的称谓命名。如果省内有多个剧种，则常以县名定名，比如山东省的胶州秧歌戏、浙江省的新昌高腔。至如陕西省的道情戏、河北省的笛子调，则是用主奏的乐器命名的。

京剧造型

总之，命名方法多种多样，但有一点不变的是，它们与不同的地方色彩和艺术特征紧密相连。

十里方圆不同音

剧种根据各地的艺术风貌区分，而不同剧种的艺术风格又是怎样形成的？要怎样区分呢？

俗语说："十里方圆不同音。"中国的地方语音十分复杂，只一个村庄之隔，语音也可截然不同，不同语音对音乐格调的变异起着重要的作用。如我们所熟悉的京剧，以抑扬顿挫的北京语音为基础，所以听来高亢昂扬，唱到尽情处，令人血脉贲张。相反，具有浓厚江南风格的昆曲，以流丽婉转的苏州语言为基调，听来缠绵悱恻，感觉就很不同了。至于广东的粤剧，通过具有特殊风味的粤语润色，又显示出"清婉溜亮，纡徐有情"的另一种风格。

戏曲的格调，还和乐队伴奏紧密相连。音乐是戏曲的灵魂，每个剧种都有各自独特色彩的主奏乐器，如京剧用的是音色明亮的京胡，粤剧则用流丽的高胡，昆剧用悠扬的曲笛，越剧用清雅的越胡。它们音色有别，风格迥异，因而形成了丰富多彩的特色。

正如中国其他艺术门类的南北分流一样，北方剧种的风格较为雄奇奔放，南方的剧种则较细腻温婉。这和南北地理气候、生活习俗、文化传统的截然不同，有不可分割的关系。

戏曲不单具有浓厚的地方色彩，同时还是一种结合了文学、表演、音乐、美术的综合性艺术，所以，尽管历经岁月的沧桑，古老的艺苑奇葩，有如《牡丹亭》中那段优美的曲词，依然绽放着迷人的光彩，历久弥新。

六　凤箫声动，风情万种

箫的音色淳厚、柔美，吹奏优雅抒情的乐曲具有很独特的魅力。李白曾作诗云："笛奏龙吟水，箫鸣凤下空。"龙凤是国人心中最高贵和美丽的形象，而笛箫之声竟能如龙吟凤鸣，可想而知，箫音的感染力有多大了。

人吹彩箫去

箫，又有"玉箫"、"凤箫"的雅称，这和箫的一段美丽传说有关。

《列仙传》记载，相传在春秋时代（约公元前700年），秦穆公有个女儿，名叫弄玉，她择婿的首要条件是必须精通音律。有一位叫萧史的英俊少年，技艺超卓，他吹奏箫的时候，彩云则从四方聚合，一只只丹顶白鹤在空中来回飞舞，随即百鸟飞来，争相和鸣。天作之合，弄玉和萧史喜结丝罗，成为眷属。

更神奇的是，有一次，夫妻二人正在月下吹箫，竟引来天上的紫凤金龙。那紫色的翔凤停在凤台左边，金色的腾龙盘在凤台右边。这一龙一凤舒颈展翅，显得亲切和善，弄玉乘上紫凤，萧史跨上金龙，顷刻间龙凤双翅齐飞，驾起祥云飞腾入蓝天。

洞　箫

"人吹彩箫去，天借绿云还。曲在身不返，空余弄玉名。"吹箫引凤，随凤而去，虽然无从考证，但多少说明，一旦凤箫声动，能唤起人们对美好生活无穷的遐想。

乐器中“君子”

箫音优柔温润，善于抒情，古人喻之为乐器中的“君子”。文人墨客，更是偏爱有加。他们或借箫写景，或寄情箫声，或清音助兴，使箫又增加了一层丰富的文化内涵。

唐代诗人杜牧诗云：

青山隐隐水迢迢，秋尽江南草未凋。
二十四桥明月夜，玉人何处教吹箫。

在那夜色生凉的深秋，青山隐隐，流水迢迢，皓月当空，银光泻地，忽闻箫音飘飘，诗人寻寻觅觅，未知从何而起？因箫音而使画面变成一幅立体的画卷，情景相生，令人陶醉。

低回委婉的箫音，如泣如诉，几许凄楚，则能抒写人世间的悲欢离合，令人心悒。大诗人李白的《忆秦娥》写道：

箫声咽，秦娥梦断秦楼月。秦楼月，年年柳色，灞陵伤别。

以“箫声咽”衬托伤别的情景，寄寓离情，给人以难舍难分的感伤情境。

至如元曲《天净沙》里所写的“今古别离最难。故人何处？玉箫明月空闲”。叩问离别的主题，而没有具体作答，只以“玉箫明月”结句，意蕴更在言外。

明代张路的仕女吹箫图

清美壮逸

箫音既可寄文情哲意，又极其清美壮逸，有如“凉月殷勤碧玉箫”、“何处玉箫天似水，琼花一夜白如冰”的境界，美不胜收。

从宋代词人辛弃疾的《青玉案·元夕》又可得知，箫还是民间欢庆节日不可或缺的一角：

东风夜放花千树，更吹落，星如雨。宝马雕车香满路。
凤箫声动，玉壶光转，一夜鱼龙舞。

词中描绘元夕之夜，车水马龙，到处火树银花，人们吹着笙、管、笛、箫，载歌载舞，一片欢欣热闹的情境。

如泣如诉

很多人可能不知道，历史上很多大事还和箫系上不解之缘呢。

话说楚汉争雄中，汉军张良在“十面埋伏”的形势下，以箫声引起“四面楚歌”，一下子“吹散”了楚霸王八千子弟兵，使之溃不成军。最终迫使项羽败走乌江，自刎身亡。

其实张良所用无他，只是利用了箫声的凄清，引发楚兵思乡的情思。试想，在月光惨淡、寒星稀落之夜，断断续续，呜呜咽咽的箫声，如泣如诉，低回往复，再和上一首“十年征战归无期，千里从军几人回？倘若战死沙场上，白发爹娘依靠谁”，又或“离别骨肉情，弱子祈父回。空房断恩爱，柔妻盼郎归”的曲子，一位远离家乡的战士听后心境会是如何？

看来，凤箫声动的感染力，远远超乎我们的想象。李白“笛奏龙吟水，箫鸣凤下空”的诗句也并非完全出于诗人的联想，假若我们当今的都市人，能从箫音中领略一点它那质朴明净之美，或能从陶醉中得到美的熏陶，使精神得以净化呢！

七　古琴清声，意深韵长

西汉武帝时，著名的文学家司马相如善于操琴。司马相如很倾慕新寡的卓文君，惜不知如何表白衷情。有一次，他到卓文君家做客。入夜明月当空，银光洒地，司马相如灵机一动，即时弹琴咏唱了一曲《凤求凰》。那琴声柔情绵绵，随风轻飏，穿窗过户，飘入闺阁，叩开文君的心扉，文君对相如顿生爱慕之情。“司马相如琴挑卓文君”的韵致，千百年来，为人们所津津乐道。

清虚雅淡和深情绵邈

琴音传情的意象，巧妙而浪漫，给人无限的遐想。司马相如所用的乐器古琴，正是我们俗称的“七弦琴”，是中国最古老的乐器之一。琴的历史悠久，在《礼记·乐记》中，就有“昔者舜作五弦之琴，以歌南风”的记载。至周文王、武王时期，增添了“文”、“武”二弦，即为七弦，所以又有“七弦琴”之称。

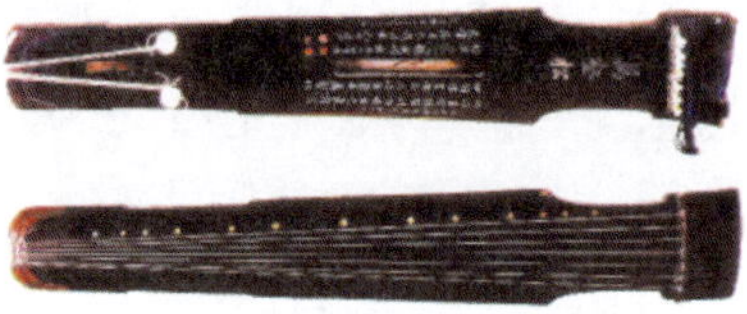

古　琴

古琴的音韵，以清虚雅淡和深情绵邈的美妙旋律为人所乐道。精湛独特的古琴音乐，也有人称之为“文人音乐”。琴艺要求“乐有志，声有容”，具有深厚的文化内涵，且要求美、情、景融为一体，因而历来备受文人雅士的喜爱，用作弹奏清雅之音，抒发高洁之情。

比如《梅花三弄》，琴曲中以此为“逸品”[①]，既描绘出梅花

① 逸品:文艺审美观念。作品隐藏境象，引人意想其趣，存有一种超越物质层面的生命力，格韵俱全，对欣赏者具有启发性。

傲霜高洁的品格，也隐喻文人的崇高情操。风格清虚雅淡，明心见性。明人曾经说过："梅为花之最清，琴为声之最清，以最清之声写最清之物，宜其有凌霜音韵也。"

《律话》中也说："处处三叠阳关，夜夜梅花三弄。"这里的"阳关"意指琴曲《阳关三叠》，是根据诗人王维《送元二使安西》的意境谱写而成的：

渭城朝雨浥轻尘，客舍青青柳色新。
劝君更尽一杯酒，西出阳关无故人。

全曲分成三段，基本上用一个曲调作变化，反复叠唱三次，所以称为"三叠"，音调淳朴中带着激情，如诉如慕，情真意切，离别的伤感，黯然的沉郁，诉说着对友人无限的关怀，听来令人备感依依。

但识琴中趣，何劳弦上声

文人爱琴，和古琴独特的文化内涵是分不开的。古琴音乐深受儒、道思想影响，讲求声韵兼备，声少韵多，表现出一种温柔敦厚的风格。"和雅"和"清淡"可说是琴乐一直以来所追求的审美情趣，意境自然、恬逸、闲适、虚静、清雅、幽远，是一种深微的境界，可意会而不可言传，古人拈出"弦外之音"、"韵外之致"、"味外之旨"，需要细细地品味。

诗人陶渊明写道：

但识琴中趣，何劳弦上声？

李白在《听蜀僧濬弹琴》诗中也作了很形象的描绘：

蜀僧抱绿绮，西下峨眉峰。
为我一挥手，如听万壑松。

白居易也作诗咏道：

置琴曲几上，慵坐但含情。
何烦故挥弄，风弦自有声。

苏东坡的《琴诗》说得更是明白如话：

若言琴上有琴声，放在匣中何不鸣？
若言声在指头上，何不于君指上听？

所谓“松风流水天然调，抱得琴来不用弹”。读书人作诗、操琴、度曲，正好聊寄清兴，闲写胸中之逸气，又或从中提高情操之涵养。

古琴音乐，自是与文人结下了不解之缘。

琴音妙绝，出神入化

数千年以来，古人对琴艺的推许，几可用“出神入化”来形容。据说春秋后期晋国的师旷，他在弹奏琴曲《清征》时，能引来玄鹤，“集于郭门，延颈而鸣、舒翼而舞”；奏《清角》时，则仿佛“飞沙走石，风雨暴至”，气势磅礴。

近代广泛流传的《流水》曲②，借景抒情，情景交融，既具浩瀚之势，又有深邃之境，更是备受推崇。琴家曾描述道：起首二、三段，俨然“潺湲滴沥，响彻空山”；四、五两段，“幽泉出山，风发水涌”，时闻波涛，已有蛟龙怒吼之象，息心静听，宛然如坐危舟，过山峡，目弦神移，令人惊心动魄；七、八、九段，“轻舟已过，势就淌漾”，水势湍急、波涛汹涌的形象历历如在眼前。

琴音妙绝，令人神往，然而，知音难得，超卓的艺术性，却为它的普及带来了阻碍。俞伯牙得遇知音钟子期的故事，并不常有！高山流水，阳春白雪，毕竟不利于众乐乐。当人们在欣赏奇妙的古琴音乐时，是否也曾想到，怎样改变过去那种“孤芳自赏”、“曲高和寡”的情况，使古老的遗音，在现代人的生活中，再次绽放艺术的光芒呢？

② 这是根据清代琴家张孔山在原有基础上加上古琴中一种叫滚拂手法的谱。

八 词的音乐美

兴于唐而盛于宋的词，有点像今天的流行曲，从文学角度看，是一首优美的诗，从音乐的角度看，是一曲动人的歌。词从产生开始，就和音乐系上不解之缘。当时人们是如何演唱的呢？词的风格在音乐方面又具有什么特色呢？

“晓风残月”与“大江东去”

让我们先看看柳永和苏轼这两首著名的作品：

寒蝉凄切，对长亭晚，骤雨初歇。都门帐饮无绪，方留恋处，兰舟催发。执手相看泪眼，竟无语凝咽。念去去、千里烟波，暮霭沉沉楚天阔。　多情自古伤离别。更那堪、冷落清秋节。今宵酒醒何处？杨柳岸、晓风残月。此去经年，应是良辰好景虚设。便纵有、千种风情，更与何人说。

（柳永：《雨霖铃》）

《雨霖铃》词意图

大江东去，浪淘尽、千古风流人物。故垒西边，人道是、三国周郎赤壁。乱石穿空，惊涛拍岸，卷起千堆雪。江山如画，一时多少豪杰。　遥想公瑾当年，小乔初嫁了，雄姿英发。羽扇纶巾，谈笑间、樯橹灰飞烟灭。故国神游，多情应笑我，早生华发。人间如梦，一樽还酹江月。

《念奴娇》词意图

（苏轼：《念奴娇·赤壁怀古》）

柳永的这首词是属于“上片泛写景致，下片专咏情思”的结构模式，前片描写长亭离别情境，作为抒情的引子；下片一句“多情自古伤离别”，涵盖古今离愁的哲思，胸次见识深博，情感的辐射渺渺无垠。其中“寒蝉”、“暮霭沉沉”、“晓风残月”等景语，皆着上感情色彩，含有人物心境的苍凉感绪。而苏轼此词，是游赤壁矶时所作，苏轼从赤壁的江山胜景回想起三国的英雄人物周瑜，称赞周瑜正当盛年，已建功立业，而自己年近半百却功业无成，于是心生感慨，自笑多情，而以旷达处之。两人词风，一婉约，一豪放，于此可见一斑。

俞文豹《吹剑录》云：“东坡在玉堂日，有幕士善歌，因问：‘我词何如柳七？’对曰：‘柳郎中词，只合十七八女郎，执红牙板，歌“杨柳岸晓风残月”。学士词，须关西大汉，执铜琵琶，铁绰板，唱“大江东去”。’”苏轼听后，很是高兴。幕士认为柳永词缠绵悱恻，适宜少女歌喉，莺啼婉转；苏轼的词豪迈不可羁勒，格调高逸，则需要关西大汉，执铁绰板，引吭高歌，方能显其雄放。

从这一简短对答，可从侧面得知，古人唱词，很讲究歌者的特质和所用的乐器与词的风格是否相对应，所谓“柔媚之词忌雄曲，豪放之词忌艳歌”，否则，南辕北辙，声调离隔。

善择腔调，声情并茂

词和诗不同，从音节上言，有长短急慢之异；从声情上，有哀乐刚柔之别。和音乐的关系，在发展初期可以说是不可分割的“二合一体”，所以音乐对于词比起诗歌辞赋等文体就更显得重要了。古人填词，首先要看是什么题目，选择词目，然后命意。杨缵《作词五要》说得很清楚，“第一要腔”，为词必先择腔调，因为，凡声有悲欢、文武、缓急、闲闹，各异其趣。

传统的唱法，主要体现在“字、腔、声、情、味”五个字上。依字润腔，以字行腔。出音必纯，句韵必清，以情为主，以情带声，讲究韵味，才能达到声情并茂的艺术境界。

音乐与文学的艺术结晶

宋人填词，无论是先有调子，再按它的节拍配上歌词，或者是“初率意为词，然后协以律”的自度曲，都必须精于审音度律，才能取得声腔文字谐合，音响情感相应的艺术效果。伶工填词唱歌，文人竞彩樽前，二者相辅相成，一首好作品，音乐性和文学性两方面都不可偏废。

北宋时期，歌词创作基本上以是否入律可歌定优劣，社会上不协律腔的歌词是不受欢迎的。因此，歌词作家不得不引商刻羽，调弦按管，以适应合乐的需要。歌词借助于音乐，增强其艺术表现力及审美价值；音乐又借助于歌词，使其更具感人的力量。词与音乐相结合，使二者构成了完美的艺术整体。可以说，由于得音乐之助，是词成为“一代之文学”的重要契机。

在宋代，诸如《雨霖铃》与《念奴娇》，或婉约或豪放，相题选调，一拍即合，词之声情并茂。而且，由于讲究文学水准，着重音乐技法，因而挥洒自如，有如行云流水，歌不滞涩，自然为人们所喜闻乐听。

虽然越经千年，很多词谱到今天已失传，但当我们重读古人的词作时，仍能感受到其强烈的音乐节奏感。这些经得起时间考验的艺术结晶，对照于时下很多过眼即逝的流行歌曲，或许能给我们一点启示吧。

九　迷人景观苏州桥

在中国，桥的地位十分显著，它是连接空间的纽带，人们常说“无桥不成村”、“无桥不成园”，大桥小桥，长桥短桥，木桥石桥，平桥拱桥，各式其式，在建筑文化里成为一道特别的景观。而说起桥，人们自然会想起苏州，唐代诗人杜荀鹤有诗云：“君到姑苏见，人家尽枕河。古宫闲地少，水巷小桥多。”苏人“枕河而居”，可推知桥梁在苏州城所扮演的重要角色。

桥缘水而构建

苏州民居的最大特点，就是民居聚落与水系、桥梁三者密不可分。由于地区的水网密布，湖泊河流贯穿整座古城，传统的民居聚落大多沿河而建。因而，苏州民居和徽州民居、绍兴民居等其他江南邻近的地区一样，“水乡泽国”的天然环境赋予民居独特的格局，从而孕育出景色迷人的“小桥、流水、人家”的生活图景。

苏州小桥流水人家的生活图景

对于苏州居民而言，水既是生活的要素，也是交通的网络。仰赖优越的水利条件，又反过来提高了生活的质素。因此，人们在聚落选址上，选择滨水地区，靠近水边，或面河，或背河，或跨河而建，就成为了一种常见的建筑格局。在联系民居之间，桥梁自然成为了交通纽带，构成居住环境必不可少的组成部分。

桥因工而益巧

苏州的古桥，实用与艺术并重。它和谐地屹立在水乡之中，在造型上，又以变化多端见长，有的弯曲如新月初出，有的圆拱似鸟翼开展，给人以轻巧、飘逸、典雅的艺术美感。在环境上，桥梁的建筑与自然浑然一体，而且桥身雕龙画凤，这些图案还往往和民间风俗、神话传说有密切的关系。

若是造园，轻巧玲珑的小桥是必不可少的。横池而过的小桥，有如园中的灵魂，引领游园者的眼光。苏州网师园的引静桥，小而精巧，匠心独运，人们誉之为古桥中的“小家碧玉”，放眼观看，在整个网师园的景致中，有其独特的风姿，而起着画龙点睛的作用。假如在夜阑人静，月光如银之时，独自凭桥俯视池中倒悬的明月，抑或静思人生的哲理，应会有意外的感受。

小桥有小桥的灵动，大桥有大桥的气势。苏州有一座吴门桥，桥圈跨径14米、高4米，桥身顶狭下宽，用金山石砌成，两端石阶

苏州园林中的小桥

相接，顶部4.95米，底部5.7米，每端达五十阶，可见其气势高挺之一斑。至于名列我国十大名桥的宝带桥，整座桥狭长如带，多孔联翩，倒映水中，有如铁锁横江，气势如虹，更令人叹为观止。

桥因诗而愈美

伫立桥上，浏览远近，怡然自得，也是一件赏心乐事。“绿浪东西南北水，红栏三百九十桥。鸳鸯荡漾双双翅，杨柳交加万万条。”如此浓郁的水乡环境，怎不叫人陶醉？苏州的桥，往往更因诗人的题咏而声名远播。

唐代诗人张继的一首《枫桥夜泊》：“月落乌啼霜满天，江枫渔火对愁眠。姑苏城外寒山寺，夜半钟声到客船。”就使枫桥名远播天下，令人神往。试想想，在晚霞铺天，月光淡淡的夜色中，站立在桥上，会是怎样的情境？又或如明人高启咏赞乌鹊桥的诗句：“乌鹊南飞月自明，恨通银河水盈盈。夜来桥上吴娃过，只道天边织女行。”使人联想到月色之下，登桥远眺，熠熠河水，清莹透明，琼花玉凿，疑是人间仙境。历代诗人墨客的彩笔，运用桥梁这个素材，创造了多少让人魂牵梦绕的诗情画意！

诗人总爱把桥比作“卧虹”、“飞虹”，说明桥梁除了具备美化人居、繁荣经济的作用外，还有超乎实用的一面，有如雨后天上七色的彩虹，给人以无限的遐想空间。

十　石窟艺术宝库

中国的石窟艺术，以斑斓出色的壁画闻名于世，让我们看看敦煌莫高窟的《九色鹿王本生》，情节既简洁，又蕴涵着深刻的人生哲理，劝人弃恶扬善，谨守承诺：

话说有一天，九色鹿从河中拯救了溺水的调达。

调达跪地谢恩，九色鹿要求调达不要泄露它的行踪，调达答应了。

后来，皇后要求皇上捉拿九色鹿。皇上便张贴告示："得知九色鹿行踪者，重重有赏。"

调达看见告示后，竟忘掉誓言，向皇上告发。

于是，国王便率领军队到森林捕捉九色鹿。

九色鹿看见国王和士兵，从容不迫地告知调达忘恩负义。国王得知真相，便下令全国，不得伤害九色鹿，调达也受到应有的惩罚。

依山凿窟，傍窟建寺

从以上壁画我们不难发现当中带有浓厚的印度艺术色彩。这是因为中国的石窟建筑，正是从印度早期的佛教建筑演变而来的。佛教有以须弥山①为宇宙中心的信仰，僧人开窟于山，然后修行于窟，本来就具有神圣的宗教意义；加上深山幽居，远离凡尘，又有助修为。于是，依山凿窟，沿崖为堂，旁边建造寺院，渐渐成为僧侣讲经和集会的地方。

窟与寺本来是两种分立的建筑物，窟是以石为主体的建筑，寺是以木为主要结构的。佛教传入中国后，有窟必有寺，以巧夺天工的创造力和非凡的想象力，依山形地势而凿成石窟。印度式的建筑，很快就和中国传统的建筑艺术相结合，融石窟、雕刻、绘画三位于一体，在发展规模和分布上越益广大，成为宗教和艺术并存的文化遗产。

北魏盛唐，贡献殊多

在漫长的一千多年演进历程中，中华大地上，留下了大小数千座石窟寺建筑，尤其是北魏和盛唐，成为石窟建筑艺术的最鼎盛时期。

北魏的石窟艺术，受印度文化影响较深。佛教造像，多呈磨光肉髻、隆鼻垂耳、方圆面型，又或大眼细眉、高鼻短头、厚胸宽肩的特色，以朴拙为尚。至于南朝，受到本土审美意趣的影响，转而重视骨秀清奇的人物造型，身体扁平，眉目疏朗，眼小唇薄，艺术化渐趋明显。

到盛唐时期，由于国势强盛，经济繁荣，文化发达，佛教建筑有长足的发展，出现了千佛万佛的群像规模，造像丰腴壮实，衣袖宽大，飘逸有致，气派恢弘，风貌则庄丽典雅，颇具盛唐气象。

宋元以后，对石窟建筑代有修葺，造像则以纤细、清秀为尚，壁画主题表现出浓郁的生活气息，宗教意味渐渐淡化。

三大石窟，各领风骚

现存石窟寺建筑，以敦煌莫高窟、大同云冈石窟和洛阳龙门石

① 须弥，梵语音译，意译妙高。古印度宇宙观认为此山位居世界中央。

窟最为著名，并称为三大石窟艺术宝库。

飞天

敦煌莫高窟，俗称千佛洞，是世界上现存规模最大、内容最丰富的石窟艺术宝库。石窟始凿于前秦（350–394），至唐代时，已有千余窟龛。窟内金碧辉煌，绚丽夺目，现存壁画45,000余平方米，以“飞天”为主题的人物多达4,500余身，备受观者赞赏。

敦煌的飞天仅凭借披巾飘浮飞扬，把佛教人物形象美化，有的苗条秀丽，有的丰满厚重，有的神情温婉，有的潇洒飘逸，极富灵动的韵律美。

龙门石窟，则开凿于北魏孝文帝迁都洛阳前后（约493年），唐诗“凿山道伊流，中断若天辟”，“精舍绕层阿，千龛嶙峭壁”，是对山奇林郁、佛龛节比的龙门山色最形象的艺术概括。石窟在唐高宗和武则天时期加以修建，奉先寺最具代表性。寺中露天大龛主佛像卢舍那大佛，是盛唐佛教建筑雕刻艺术的代表作，龛南北宽36米，东西深41米，佛像面容丰满，修眉长目，嘴角微翘，流露出对人间的关怀和智慧的光芒，是典雅的外貌与丰富内涵完美结合的佳作。

奉先寺露天大龛主佛

被艺术家喻为“东方的罗马石雕”——云冈石窟，至今已有1,500多年的历史。云冈石窟景观开阔，气魄宏大，绵延近千平方米，现存大小造像5万多个。佛像丰神多姿，有的扁宽胸挺，英姿飒爽；有的面相丰满，目大眉长；有的鼻梁高隆，嘴角上翘，面貌神态，活龙活现。鲁迅曾将“云冈的丈八大佛”与“万里长城”相提并论，誉为有如“耸立于风沙中的大建筑”。

自从佛教传入中国以来，佛教艺术就一直在本地文化和外来文化的相互激荡中谱写着绚丽的篇章，尤其是敦煌莫高窟、云冈石窟和龙门石窟，由于开辟时间早，又格外显现各地不同文化交响的缩影，为研究不同历史时期的中印文化交流留下了弥足珍贵的资料。

十一　诗情画意说园林

乾隆皇帝曾六次游幸江南，每次回朝后，对江南园林的美景都久久不能忘怀，魂牵梦萦，于是他专门命人把江南园林的一景一物绘制成图，营造起北国的江南园林来。乾隆时建造的清漪园，除多了一层皇家园林的豪华气派外，实际上就是江南园林的荟萃。究竟是什么原因，令养尊于雕梁画栋的天子皇帝也要把江南园林移驻北国呢？

师法自然，人间仙府

江南园林受到佛道思想和中国山水画的影响，园林建筑师法自然，“移天缩地在君怀”，自然成了人们心中理想的居所。

诗情画意是园林美学的最高评价标准。从总体布局上说，园林的组合暗藏玄机，不管是凿池开山，抑或修桥筑路，调山理水，处

曲院回廊

处体现与大自然和谐融合之妙。

而每一个景致之间，又构建一望无尽的景观，造成“山重水复疑无路，柳暗花明又一村”的幽美，具有山水林泉之趣。精妙地处理了形神、景象、虚实、动静、有无、疏密等布局，令即使是占地不多的小小园林，也给人仿如曲院深深的视觉效果。空间上的“分而不离，隔而不断”，使视觉上突破园林的空间局限性。加之又得依山傍水之长，尽得雨景风声之妙，因而，园林虽似重楼深锁，而不失与自然之亲近，园中世界，自得其乐。

文人参与，蔚为风气

造园之风，始盛于北宋，明清两代达到顶峰。自宋以来，文人参与造园，更将造园艺术推向新的境界。

文人往往工诗善画，自然就将诗词、国画的雅致意境带进园林之中。于是，诗情画意注园林，园林的人文含量被推高了一层，比如苏州的四大园林，沧浪亭富于山林隐逸之趣，狮子林富于山石林壑之奇，留园富于飘逸幽灵之秀，而拙政园更是集园林艺术之大成。

拙政园的风光，苏州园林以此为第一，诚非过誉。但见其空灵雅逸，开朗明亮中又具曲笔，园中有园；小园幽静宜人，与大园之景互呈其美。其春水之腻，夏水之浓，秋水之静，冬水之寒，与四时花木，朝夕光影，构成了不同季节、不同时间的风光；复如园内的远香堂，四面敞开的荷花厅，荷香远溢，前山、后岛、左亭、右台，水映花承，鸟飞于天，鱼跃于渊，景象美不胜收。置身于此，究是在天上抑或人间？无怪乎园名取为“拙政”，正是取其拙去杂务政事之意也。

形象的诗，立体的画

园林意境以人的视线为观察点，一山一水，一草一木，一石一洞，一亭一阁都力求展现大自然的神奇，是一种具有浪漫主义的自然美。而游园的人，置身其中，情景交融，得到的是心灵的享受与美的怡悦。这是为何园林建造的地方，总择隐蔽幽静之地的原因。天然的境地，本就具有雕镂的本钱，透过文人和工匠结合的鬼斧神工，形象的诗，立体的画，自然就呈现于我们眼前了。

园林中的景点，各有人文内涵的思致，体现出造园者的匠心独运，往往能使游览者于陶冶性情之余，又借增人文情操。

意境生动，水环路绕，风吹鸟鸣，曲径通幽，诗书画联……种种意蕴，综合各种艺术手段，借取天光、水色、翠峰、碧草等等造化赐予，从而塑造出园林灵魂，展现其自然美、空间美、意境美、人文美合一的佳境。

似这般人间福地，不独乾隆皇帝会喜欢，相信会得到世人的青睐，尤其是在古代中国，隐逸文化兴盛，园林天地正可提供一方之所，使雅好山水的士大夫，可以利用这种结合诸如琴、棋、诗、画、酒、花的地方来寄寓情衷，自得其乐，颐养天年。而园林建筑，也正是在这种推波助澜的情境中，得以点缀北国江南，而风靡天下。

拙政园的迷人风光

十二　自成一统四合院

元人诗云："云开闾阖[1]三千丈，雾暗楼台百万家。"这"百万家"楼台的盛况，便是指今天我们所说的北京四合院。元朝正式定都北京后，元世祖忽必烈下了一道诏书，规定旧城居民迁京者，以大户人家和在朝廷供职者为先，划地给他们营建住宅。自那时候开始，北京城的建筑面貌掀开了崭新的一页。

庭院布局巧妙

虽然历经沧桑变幻，在今日的北京城，四合院的居住形式，古风犹存，诉说着京城建筑的前尘往事。

四合院形态古朴典雅，布局讲究，环境幽静，这和棋盘式的街道网络有着紧密的联系，一般依东西向的胡同而坐北朝南，中轴对称，呈现出方方正正的格局。

小型的四合院，房屋布局简单，大多是普通老百姓居住的。院的四面建房，形成一个院子式的民居，因为由四面房屋围合而自成

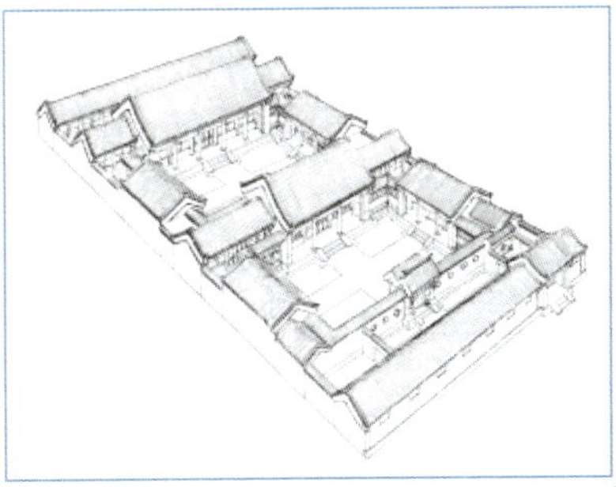
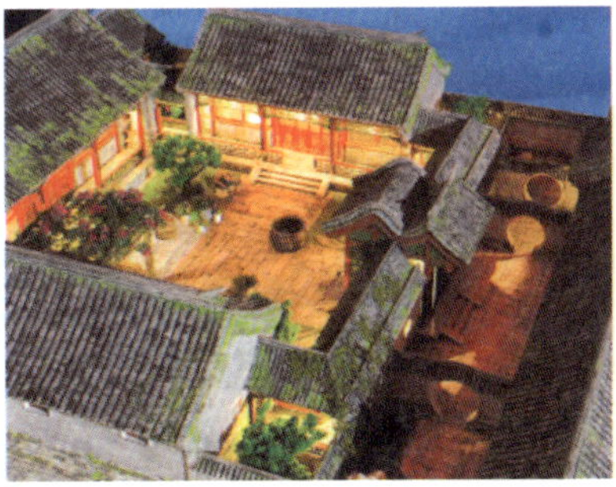

四合院

① 闾阖：闾，古代二十五家为一闾；阖，门扇。闾阖，泛指民居。

一个建筑格局，所以人们习惯称之为一进四合院；两个院落连在一起，即为两进四合院，三个院落，是为三进四合院，以此类推。

大型的四合院，住的是有钱的人家。至于名宦望族，甚或可多达七进、九进的院落。除中路主院外，还有东西跨院，向两侧发展，增加几组平行的院子或向后边发展，在正房后面增加几个院子，规模宏大，层层推进。似这般庭院深深、罗幕重重的院子，难怪古人说“一入侯门深似海”了。

体现家族伦理

过去的四合院，大多是一家一户居住。四合院一般由正房、厢房、后罩房组成。正房坐北朝南，高大，舒适、明亮，开间一般分为三间，中间为祖堂，东侧的次间由祖父母居住，西侧的次间由父母居住。正房东边的次间比西边的略大，这是受“左为上”传统观念所影响的结果。东西两侧为厢房，由次一辈分的居住，功能分明，体现尊卑长幼之序。老幼长次的安排，都按照一定的传统礼仪，相沿成制。

古代中国人认为多子多孙是一种福气，如果能几代同堂，共享天伦之乐，是令人备感珍惜的。亲人间离得太远不好联系，居住在同一间房子里又不方便，因而四合院的出现，正好满足了伦理型家庭结构的需要，院内游廊贯连，房屋之间，相互连接，看似各自分立，实则有合有分，有如家族血缘关系，间而不断，既可以相互照顾，又可以和衷共乐，产生一种和谐的气氛，给人一种安全感和亲切感。

大门紧扣，一方天地

门楣犹如庭院的脸面，古人有“门当户对”、“书香门第”的说法，这和门扉是有一定渊源的，其构建的模式多少表明一户人家社会上的身份和地位。大门最主要的特点是好像一座小房子，称为“屋宇式”大门，在形制、大小、颜色、装饰等方面，都很讲究。

按照等级的区别，王府大门、广亮大门和金柱大门多为王公贵族和官僚人家拥有，而如意门则多为大贾商家所有。

庭院门楣

庭院的四周，围墙和各座房屋的后墙封闭，一般都不对外开窗户，只有在南墙上离地很高的地方开个小窗，远离尘嚣的骚扰，幽静独处一隅。

草茉莉、水仙花、牵牛花等四时芳草，是院中花圃的常客，私塾、茶室、书屋、车马一应俱全。一个“合”字，似乎将精神的、物质的都合在一起，每当大门门扉紧扣之后，俨然自成一方天地。

庭院的建筑植根于深厚的伦理文化，多了一分温馨，少了一分冷漠，人与人之间的感情得以拉近。因而，在现代“石屎森林”林立的时代，国内外的建筑师却在设计一些模仿四合院式的古建筑，当年“楼台百万家”的景象，依然散发着余韵呢！

十三　雕梁画栋帝王家

据《史记》记载，阿房宫“东西五百步，南北五十丈，上可以坐万人，下可以建五丈旗。周驰为阁道，自殿下直抵南山”。由此可想见阿房宫的规模之宏伟。虽然今天我们无缘一睹阿房宫的风貌，但从这些记载可知，远在中国的秦代，对于“皇宫”的建筑，已甚具规模，动辄绵延数十里。

天子居所，皇权象征

皇宫，顾名思义，就是皇帝居住的地方。在古代社会，皇权至高无上，宫殿作为皇帝威仪的象征，建筑自然不能马虎。历朝历代的统治者，无不动用大量的人力、物力和财力进行建造，似乎不把宫殿建造得高大壮丽，就无法显示天子的威严。

每逢改朝换代，新旧王朝交替，统治者总要把旧王朝的宫殿毁掉，另建新的宫室，以昭示新的政权已经建立，防止旧王朝阴魂不散，死灰复燃。这种大规模的破坏，使众多的宫殿建筑毁于一旦，也间接塑造了一代又一代的“雕梁画栋帝王家”的传奇。

金雕玉砌，辉煌华丽

随着建筑技术的提高，皇宫建筑到明清两代臻于极致。明清的故宫，代表着中国宫殿建筑的最高成就。

故宫的建筑分为外朝和内廷两部分。外朝的中心为太和殿、中和殿、保和殿，统称三大殿。内廷是以乾清宫、交泰殿、坤宁宫三宫为中心和东西六宫为两翼的建筑群体，是皇帝处理日常政务和后妃、皇子们居住的地方。

“三大殿”建筑辉煌壮丽、巍峨宏伟，尤其作为举行大典的地方——太和殿，更是巧夺天工。每个栏下设有排水的龙头，形成千龙喷水的壮观景象，以显示皇威；殿前的栏杆、望柱、龙头、栏板全用汉白玉雕刻而成，造型玲珑剔透；中间石阶以巨大的石料雕刻；殿屋脊布满各种灵兽，殿内则金漆木柱，玉砌台阶，画龙雕凤，金碧辉煌，望之闪闪生光，无一不显示皇家的气派和工匠精湛高超的技艺。

建筑的形制，特重色彩的配搭，以表达等级的区别。宫殿建筑，为了突出皇权的象征意义，多采用金色、黄色和红色；其他色彩的等级依次为赤、绿、青、蓝、黑、灰。王府官署阶层多采用绿色、青色和蓝色，而百姓则多采用黑色、灰色和白色，以衬托皇家和显要的尊贵。

太和殿

中和殿

保和殿

自然之美，人文思致

在表现帝皇的威仪之外，故宫的建筑还体现了民族文化的特色，呈现院落式结构的艺术特征，追求建筑的自然之美和人文思致。

一方面，如同江南的园林建筑一样，倚重天然环境风貌，以自然文化为构思理念，追求“天人合一”的审美观，以体现“天时地利”的内涵。

另一方面，以人文的“和”为主要的设计思想，建筑上注重表现和谐的院落布局，主殿地处较高，四围中正对称，统一协调，以体现“尊卑有序，上下有别”的道德伦理秩序。在空间主次上，形成由一个个单体建筑合成的大建筑群体。

宫殿建筑艺术，让人不仅能感受到观览的怡悦，更能从中“阅人道”、知古今。所谓立体的历史、凝聚的乐章，从宫殿建筑，可以小见大，见微知著，从历史年轮中寻觅到一段尘封的足迹。

紫禁城鸟瞰图

十四　缩龙成寸说盆景

将一两株老骨干或枯干的花树种在盆子里，经过人工调理，再进行艺术加工，形成古干折曲、枝叶繁茂、悬根露爪的造型，就构造出一盆可堪观赏的盆景了。盆景艺术“缩龙成寸”、“小中见大”，宛如大自然优美景色的缩影，把自然美和人工美完美地融合在一起。

无声的诗，立体的画

盆景，源于自然之美。虽是一方小小的盆栽，植物的造型却是风貌各异，姿态万千，有的古朴嶙峋、葱翠劲健，有的苍郁挺拔、潇洒清秀。春时玉露凝枝，夏日翠叶茂密，秋时花结硕果，冬日枝干劲节，各具风韵，四时可赏，使人心旷神怡。

盆景之美，清秀古雅，透过高超的造型手法，使景象、意象和形象和合一体，人们可从中获得怡情悦性的审美享受。望着盆栽中那劲挺的古松，扶疏的新篁，抑或翠绿的碧草，艳丽的鲜花，无不使人感到自然生命的脉动。

高超的造景艺术

盆景的造型，有如文人山水画的写意，使人产生无限的想象。一件优美的盆景作品，不单以景动人，更能以情感人。不同的造型姿态，是传情达意的手段，通过树干弯曲、俯仰的姿态和山石交错、偃伏的布置，寓情于景，使盆景超越作为景物的单一审美层次。

盆景的形象，则以小巧玲珑、精细雅致取胜，大小和尺度，皆有技法。意境隽永，构图生动，风貌素雅，景象富有变化，方为上乘，如景物杂乱、景体臃肿，抑或对称不齐、比例失调、景色浮艳，都是有失雅致的。总之，新奇的立意，细腻的加工，协调的布局，高超的造景，一分心思也不能少。

精心陈设，环境相应

布置盆景的几座，又称花架。几座的使用，有突出景色、提高盆景观赏效果的作用，并加强和改善盆景展出环境的艺术氛围。

绿意盎然的盆景

几（jī）座衬托出盆景的景象，盆景因几座而更显雅致。几座与盆景的关系，得避免过于华丽而造成喧宾夺主的现象。因此，古朴一点，雅致一点，更能显出韵致。

至于陈设布置的环境，以幽静、宽敞、明亮为佳，如果光线太暗或太弱，对植物生长不利，且对观赏的效果也有影响。因此，墙面布置亦宜力求素雅，如果装饰太过华丽，反而显得俗气。

胸有丘壑，腹有诗书

杜甫诗云："读书破万卷，下笔如有神。"对于制作盆景的高手，道理也一样，必须胸有丘壑，腹有诗书，多阅名画，才能制成一盆富有情意的佳品。加工太多，抑或呆板而缺少变化，就会减少一分灵气。春秋佳日，游山玩水，从岩壑、溪滩、山野、村落以及崇山峻岭之间，都可找到不少奇树怪石，作为制作盆景的好材料。

古人论盆树的形态，谓其变化虽多，而以能够入画的为上乘：枯朽的老干，中空而仍坚实，要能老气横秋；露根的老干，突起土面，要能如龙爪一般。虽是山林草木，但假若腹有诗书，也能使盆景增添美感。

造型独特的盆景艺术

盆树的整姿定形，一定要有充分的艺术修养和灵巧的手法，盆景艺术家常说"六成自然，四成加工"，这四成中又应该以修剪占二成半，扎缚占一成半，才不至于因加工过度而给人矫揉造作的感觉。

盆景艺术既能绿化家居环境，美化生活空间，又能充实生活情趣，增进身心健康，正可作为"人与自然"的媒介。家中拥有一盆绿意盎然的盆景，仿佛把自然搬进了屋里，使生活散发着大自然的气息。

十五　印刻的审美意趣

印刻艺术精绝，但技艺难学又难精。据说，印刻名家吴昌硕年轻时，因为家贫，没钱购买刀石，为了学习技艺，就以废铁制刀，以砖代石，结果由于长期雕刻，又太吃力，左手无名指因刀伤而烂去半节，他自谓为“苦铁”先生，但却没有因此气馁。终其一生，吴昌硕以“钝刀硬入”的精神，精心钻研，终于成为近代最杰出的印刻家。

书法、章法与刀法浑融

印艺之难，就难在融书法、画法、刀法于一体。

印刻是一种在书写后，通过刀刻来制作印章的艺术。因为印章字体多用篆书书法，所以又称之为篆刻。印刻离不开书法，印刻的根基即在于篆刻家书写和掌握篆书的功力。

融画入印，则表现在印面构图和刀法的运用，将绘画技法运用于刀法的轻重、曲伸等方面，合理分布印章的朱白（虚实）。在小小面积的印章上，或虚实相生，或正侧错落，或疏密对比，方寸把握要准确，才能达到舒展多变、布局巧妙的画面效果。

印刻

印面的表现力，和印刻家的功力至为密切，刻刀的运劲、轻重、起笔、行笔、落笔、按顿，一点不能闪失，才能使篆文线条富有起伏变化的韵律美。通过粗细、曲直、糙润、疏密等的处理，使之达到和谐浑穆的境界，给人以力的美感，从而表现出拙朴古雅、凝练浑厚的气韵。这些变化，都只在细微的刀锋处。

从实用到艺术鉴赏

古时的印章，人们统称之为“玺”。秦始皇在确立皇帝尊号的同时，规定皇帝的印称为“玺”，诸侯臣民的印则统称为印。汉承秦风，印刻犀利峻迈，变化精微，风格庄重圆秀，明朗朴实，线条和章法尤为后人推崇。因“玺”与“死”音相近，唐人为避忌，改称“玺”为“宝”。

玉玺

唐宋印章，受到书画艺术的影响，从实用趋向审美，发生了质的变化。篆势圆转，线条既有柔和清晰的一面，又有铁画银钩、神韵飘逸的造诣。书画家在作品上钤上印鉴，使印刻和书画艺术相得益彰，引为风尚，走向纯艺术鉴赏的方向。

宋代以后，时人更看重的是其艺术的趣味。印文的内容渐趋多样化，脱离了印章的实用原则，印章艺术甚或进入雅玩的领域。这种审美意趣，到了元明时期，经过赵孟頫、王冕、何震等名家的发扬，文人印章大兴，印刻流派纷立，成为了一门独立的艺术。逮及清初，印刻已登上了艺术的高峰，尤其是皇家的几方印章，无论是质料还是造型，抑或画面，都堪称妙绝，不愧为“皇帝之宝”。

百年名社，千秋印学

回顾悠悠千年的印刻历史，真可谓名家辈出，硕果累累，怎样才能继续开创印刻的人文资源，延伸艺术的璀璨呢？

就在杭州西湖的孤山南麓、西泠桥畔，有一块五亩坡地，依

西泠印社

山傍水，佳木繁荫之中，掩映着一座印刻艺术的洞府——西泠印社。这里翰墨馥郁，馆阁古色古香，气度高华。印刻、书画、印谱、文字、器物，图文并茂，尽得风流，令人目不暇给，是千年印刻艺术的宝库。

清朝末年，浙派金石书画家丁仁、王禔、叶铭、吴隐等四人在孤山买地建房，以“保存金石，研究印学”为宗旨，创建了这座印社。民国初年，吴昌硕出任西泠印社首任社长之后，盛名远传，一时群贤毕至，李叔同、黄宾虹、马一浮、潘天寿、傅抱石、沈尹默、丰子恺、梅舒适、金膺显等海内外名流云集，交流切磋，为印社奠定下厚实的研习根基。经过百年经营，印社于今已成为我国研究金石印刻历史最悠久、影响最广泛的机构，赢得了“天下第一印社”的美誉。

如何重振印风，光大印学，实有赖于名社的沾溉，而吴氏那种锲而不舍地学习篆艺，和身体力行为印学作奉献的精神更是不可或缺的。

十六 加冠佩玉，礼隆其中

孔子的得意门生子路，知书达礼，是一位谦谦君子。据传，他在卫国一个大夫家当幕僚，后来因为贵族间发生争斗，子路也卷入旋涡，在一次混战中，他的帽子摇摇欲坠。为了不使帽子掉落，子路断然放下武器，说："君子死，冠不免。"结果，他在整理帽子时，就被人杀了。

男子二十行冠礼

今天，我们听这个故事未免觉得可笑，但在古代，发生这样的事却是不奇怪的。冠，犹如一个人的标志，在人们的心中，有很重要的位置。春秋战国时期的冠，人们称之为首服或元服，帝王和诸侯祭祀的时候戴的礼冠则称为"冕"。平民戴的头巾，以青色或黑色的为主，因此，古时又称平民为"黔首"。

男子到了二十岁就要行"冠礼"[①]。通过"冠"这个特定的礼，象征男子已由童子变为成人，到了适婚年龄了，因此，行冠礼也就自然成为了人生的头等大事。"冠"在礼当中的意义，远远超越了纯粹作为服饰的实用功能。

历代的冠帽礼仪，都有一定的规范，到清代，政府公布的冠帽公文，更为精细。清代冠帽大致分为礼帽和便帽，而冠帽中最具特色的当属礼帽。影视中的清宫戏，经常出现的拖着羽毛翎子的圆顶大帽，就是官员的礼帽，不同的冠帽代表着不同的身份和等级，是不能逾越的。

① 与男子行"冠礼"相应，古时女子到十五岁也要行"笄（jī）礼"，即结发上簪，表示已到了出嫁年龄。

顶戴花翎红缨络

当时，礼帽是作为朝觐天子和公务之用的，又有朝冠之称。因季节之别，八月到次年二月之间戴的叫暖帽，三月到八月戴的叫凉帽。暖帽呈圆形，用黑色的绸缎或绒布等材料制成；凉帽则用玉草或藤丝编制，外面罩上罗纱。帽檐采用黑貂皮、银貂皮等贵重皮毛制成，以显示其贵重。帽的顶上是用红色的丝条做成的帽纬，俗称“红缨儿帽”。

不管是凉帽还是暖帽，在顶珠的下面都有一根用白玉或翡翠做成的翎管。花翎是清代官员身份的象征，通常用孔雀翎。孔雀翎尾的中心是蓝黑色的，好像眼睛一般，所以被称为“眼”。按惯例，三眼花翎只有王子才可佩戴，双眼花翎只有国公或驸马才能佩戴，至于内大臣、侍卫、护卫或统领等职，就只能戴单眼花翎了。

在礼帽顶部的中央，装有一颗顶珠，是用宝石、珊瑚等名贵饰物制成的。以官员职位的高低而有所区别，一品官员的顶珠是红宝石镶嵌而成的，俗称“红顶子”，二品官员的顶子是珊瑚制成的，三品官员的顶子是蓝宝石的，四品官的顶子是青金石的，总之，贵重渐次，以显示官员地位的悬殊。

顶戴花翎

古之君子必佩玉

除了冠礼之外，玉是另一项身份的象征饰物。古人说：“君子无故，玉不去身”，作为“石之美者”的玉，因其独特的材质和晶莹的色泽而被视为珍宝，赋予了更为深远的文化含义，“温润而泽”好比“仁”，“缜密以栗”有如“智”，把玉和礼联系起来，君子的德行就似玉一般高洁，也许是因为这个缘故，才有了“古之君子必佩玉”的说法。

不同等级的人，所带玉的质地和颜色也是有分别的，即所谓“天子佩白玉，公侯佩玄玉，大夫佩水苍玉，世子佩瑜玉，士佩瓀玟”。天子所佩的白玉，质地是最上乘的；公侯所佩的玄玉，较次一等；卿大夫所佩的水苍玉，又次一等，以此类推。

拜见国君的时候，如果让玉发出声音，会被视为是对君主的不敬。因此，臣子向前走的时候，身体要微微向前倾斜，有如作揖一样，退后的时候，则微微地仰起身体，这样一来，玉就不会发出声响，不至于显得突兀而有所失礼。

玉佩

在今天看来，古代的冠礼制度和佩玉制度，不免失之烦琐，不过，在重视伦理礼仪的传统社会，却是有其时代的合理性的，这也在一定的程度上，说明了中国作为“礼仪之邦”的缘由。从这一角度来看，子路因整冠而被杀，也不是不可理解的了。

十七　中国音乐的教化功能

据《论语》载，孔子在齐国听了韶乐[1]后，三月而不知肉味，赞道："《韶》，尽美矣，又尽善也。"而当他听完郑国的音乐后，却道："放郑声，郑声淫。"[2]为什么对同样是艺术范畴的韶乐和郑声，孔子会产生如此截然不同的感受呢？

娱乐与教化并重

在中国的艺术门类中，以音乐与教化的关系最为密切。这是因为，一方面，上古时代礼乐之兴，与伦理教化不可分割；另一方面，是由于儒家对音乐的态度，不只欣赏它的美，同时重视它所象征的"德"。所以孔子会有"兴于诗，立于礼，成于乐"的看法，孟子则说"闻其乐而知其德"，荀子也专门论述了音乐的审美和教化作用，认为乐可以"善民心"，可以使"民和"。

中国哲学以儒、道两家的影响较深。儒家以中庸之道作为处世的准则，重视"乐以教和"，也可说明中国音乐艺术精神的由来。这种主张表现在音乐美学上，成为"中正平和"的审美特色，所谓"乐而不淫，哀而不伤"，正因为它符合了中和温厚的原则，不过于偏激，因而对人格道德的提升极有帮助。

---

①《韶乐》是上古舜帝之乐，又名"九韶"、"九歌"。原始九韶是南方百越民族的巫歌，舜帝韶乐在此基础上加工而成，从此具有娱人和教化的功能。《韶乐》后世演变成宫廷舞乐，成为皇室祭祖的庙乐，乃天子宗庙制度的重要组成部分。

②"郑声"是春秋时代郑国、卫国的俗乐，因与雅乐相背，故受儒家排斥，《礼记·乐记》载："郑音好滥淫志"，是"靡靡之乐"的代表，容易令人联想到"亡国之音"。

雅乐与俗乐的观念

作为娱乐性的音乐，赋予教化的功能，必然影响到评价的标准。两千年来的音乐文化，贯串着两种不同的音乐形态和思想观念，即“雅乐”和与其相对的“俗乐”。

所谓雅乐，就内涵而言，是指和政治教化紧密联系的音乐，受到在上者的青睐，用于祭祀天地、炫耀政绩、歌功颂德，赋予其伦理教化的作用。音乐的风格以中正平稳为特色，最强调一个“正”字，节奏平稳缓慢，以使拍子平和，风格庄严肃穆。

所谓俗乐，是与雅乐相对而言，大多流行于民间，风格或流丽明快，或婉转悠扬，如用正统的音乐观衡量，即有所谓“郑卫之声”的成分。《论语·阳货》说：“恶郑声之乱雅乐也。”《荀子·乐论》也说：“故人不能无乐……先王恶其乱也，故制雅颂之声以道之。”这些论调，说明雅乐与俗乐是处于对立地位的。

民间戏曲演奏情景

音乐受政治的制约

“为乐必先放（舍弃）郑声。”统治者特别重视音乐的现实功用本来是在情理之中的，但后来发展到一个极端，把音乐等同于统治的工具之一，“乐必与礼相随”，这种礼乐一体化成为了中国音乐的一大主流观念；在西方社会，音乐并不附庸于政治，而是作为一门独立的艺术存在的。

缘于雅俗观念的分野，郑声成为了当时一般俗乐的通称，被“卫道之士”视为异端，音乐必须为礼制、道德、政治服务，确立“德音”、“正声”的政教地位，体现教化功能，完全漠视了音乐本身的艺术性和娱乐性。

将音乐划分为雅与俗，影响中国的音乐发展是负面多于正面的。用现代的语言来说，雅乐即有如严肃音乐，而俗乐即有如民间音乐或现今的流行音乐。雅乐本来即使受到强调道德教化的影响，音乐性及艺术性还是可以得到和谐的发展的，但由于受到过多的政治功能左右，而变得毫无生气，失去了艺术创作活力。两千年来，这种变了质的“雅乐”一直处于主流地位，俗乐的生存空间备受制约，未获应有的发展空间和社会认同。

本来，孔子赞扬韶乐主要是因为这种音乐是“美”和“善”的高度统一，他并没有排斥音乐的艺术成分；而指摘郑声，也只是因为郑声过度的委靡，和排斥音乐的艺术性不相关，只是后来被统治者和“卫道之士”利用，过分强调音乐的政治功能，事实上这并非孔子的原意。后世之人如此曲解，恐怕是他所始料不及的。

十八 牌坊建筑的伦理色彩

据《歙县志》记载，元代歙县[①]的守将李世达率部叛乱，棠樾人鲍寿松和他的父亲为叛军所俘。叛军只允许其中一人活命，由他父子俩自行决定。父子二人都想以自己的死换取对方的性命，正当争持不下之际，忽然林间狂风大作，飞沙走石，叛军疑有追兵，一下子仓皇四逃，鲍氏父子因而得以保全了性命。后来，乾隆皇帝下江南，闻知此事，题下御联《慈孝诗》赞道："慈孝天下无双里，锦绣江南第一乡。"并大事修缮牌坊，于是，"慈孝里"声名鹊起，远播遐迩。

标志性的建筑物

中国古代，尤其是宋代以后，借着竖立牌坊以表忠、孝、节、义的举措，其实是社会上一种约定俗成的风尚。

牌坊建筑

①歙县：地名。在安徽省东南部、新安江上游，邻接浙江省。

中国人重视伦理价值，牌坊就好像是一种标志性的建筑物，时刻警惕世人钦崇高尚的道德行为。因而，古人对牌坊的建筑相当重视，以求达到移风易俗的目的。

追根溯源，牌坊在原始社会就已经出现雏形。那时候，人们聚居的村落和群体建筑的入口处就有简单的门洞形式建筑，在两旁树立的柱子之上加一条横木，作为入口的建筑物，当时人们称为“坊门”。唐代以后，坊门渐渐演变成牌坊，成为在街头、巷口一个标志性建筑物，用以纪念和标榜功德。

宋元以后，由于理学的兴盛，牌坊建筑的教化意味愈加浓厚，牌坊往往冠以教化的名目，纪功铭德，表彰贞节，并镌刻牌匾悬挂于坊门的上方，使一方一里的老百姓，在进进出出之时，得以沐浴教化。

身份地位的象征

古人以“书礼传家”为门楣之光。假如能够得到当权者赐立的牌坊，自是蓬荜生辉，光宗耀祖。但是，获得立牌坊的资格并不是一件容易的事。

在古代社会，对于一位妇女来说，贞节被视为是至关重要的。但是，立一个贞节牌坊，更加要经得起方方面面的考验了。歙县棠樾村的第三座牌坊，就诉说着这样一个故事，那里有一座额刻“立节完孤”的牌坊，据说是鲍文龄妻汪氏守节足足二十年才如愿以偿的。附近另一座刻有“节劲三冬”的牌坊，是讲述一位继室在夫君过世之后，克尽妇道，才赢得当地的官员打破继室不准立坊的常规惯例，为她建造了一座规模相当的牌坊。

棠樾的鲍氏家族，据载在清末以前，已拥有“忠”、“孝”、“节”字牌坊，独缺“义”字坊。为了得到皇帝御赐“义”字牌坊，于是千方百计争取，捐粮十万担，输银三万两，修堤八百里，最后才如愿以偿。

因为来之不易，牌坊建筑的石牌往往具有高大壮硕、恢弘凝重的特色，雄伟而具气势，一方面使人产生“高山仰止”的敬慕之心，另一方面，亦使其经得起岁月的风霜洗礼，屹立不倒。

不可分割的组合群体

牌坊作为表彰个人德行风范的纪念性建筑，是有严格的等级之别的。比如皇室敕建的牌坊，等级是最高的，得到这样的赏赐，一个乡里的名望亦会因而大增，当地居民更会因此而感到无上荣耀。至于由州市县闾里竖立的，意义就等而下之，没有那么风光了。

明清两代，牌坊的建筑除了具备道德教化的实用功能外，也追求建筑艺术的完美。除了强调其标志性的作用，牌坊的主体雕龙画凤，工艺色彩极为浓厚，甚至形成了庞大的建筑群体，比如歙县棠樾村前的大道，就依次排列着七大座牌坊群，成为一方建筑不可分割的组合群体，不仅构成一定的建筑空间，同时影响到群体建筑的序列和整体格局。

歙县牌坊建筑群

今时今日，虽然时风转移，但在中国大地上，一座座高耸的牌坊，经风霜的摧残，却还在诉说着当年一段段的历史故事。

十九　钟鼎艺术，灿古烁今

钟鼎在先秦时代乃是代表国家的信物，即我们今天所说的“国器”。这种贵重的青铜器既具艺术价值，同时又有很高的实用价值。《国语》曾记载，有一年，鲁国出现大饥荒，鲁庄公不知如何是好。国卿臧文仲建议道：“国家铸造钟鼎这些宝器，本来就是为人民遭受灾祸时所准备的，现在既然国家出现了饥荒，您为何不用这些宝器作为抵押，向齐国借粮食来救济？”鲁庄公按照他的意思向齐国求救，安然度过了这一次大灾荒。

战国编钟，还原音犹正

若论钟中的极品，就非从曾侯乙墓①挖掘出来的编钟莫属了。这组编钟约制于战国时楚惠王五十六年（公元前433年），惠王为了报答曾侯乙拯救其父楚昭王有功，专门为曾侯乙制作了这套巨型国宝，以表感激，这在当时来说，是一种至为厚重的礼遇。

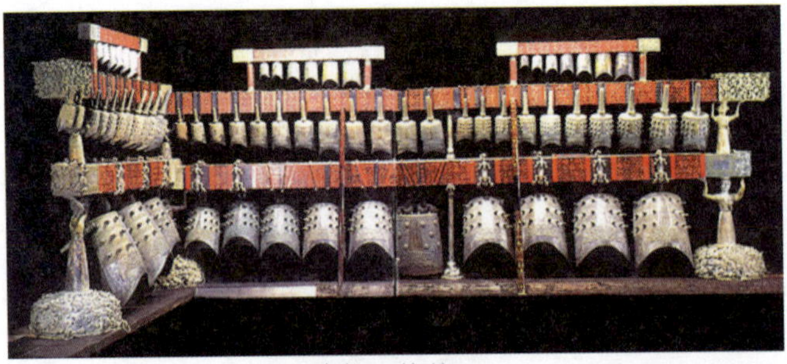

曾侯乙编钟

① 考古学家认为墓主为曾侯乙，是战国早期的诸侯，约葬于楚惠王五至六年（公元前433年左右）。因此，随墓出土的这套编钟就被命名为曾侯乙编钟。

曾侯乙编钟出土时，铜木结构的钟架依然完好，全套65件编钟原位悬挂，排列有序，雄伟壮观。最轻的一件重2.4公斤，最重的一件重达203.6公斤，总重量达2560公斤。钟的形制独特，花纹繁富，制作精美，钟上还刻有铭文近三千字，具有珍贵的史料价值，而且，还详细标明了每个钟的音阶等资料。这些记载，说明了早在几千年前的中国，已具备完整的音律知识。

编钟的音色沉厚而清脆，音质纯正，音色优美，出音从容不迫，张弛有度，是一种极富音响魅力的乐器。从音乐风格而言，具有高贵的特质，所以在古代作为王公贵族专门享用的乐器。

这套编钟，在经历两千多年泥土和水分的洗礼后，还能妙音依旧吗？测试结果发现，编钟的音域跨越达五个八度，十二个半音齐全，敲响编钟，依然可以听到两千年前那遥远的雅音，演奏古今中外各种不同风格的乐曲，十分动听，令人惊叹不已。

商代宝鼎，出土色如新

商周时代，鼎是国家权力象征。鼎在则国存，鼎失则国亡，实非夸张的说法。西周灭亡，平王东迁时，就将九鼎先行运往洛邑，其中的意义就不言而喻了。

说到鼎，人们首先想到的是司母戊大方鼎。这个巨大的鼎，体形庄重大方，呈长方形，长110厘米，宽78厘米，壁厚6厘米，高133

司母戊大方鼎

厘米，重达875公斤。

刚发掘出来时，村民并不知道它的贵重，只觉得它像巨型大火炉，当时的流行叫法就称为“火炉”。原来，这个大鼎已在地下沉睡了三千多年，鼎上的花纹图案依然清晰，没有锈蚀的迹象。经专家考证，司母戊大方鼎是我国出土青铜器中最大的一件，也是世界上青铜器中罕见的精品。

从鼎上的花纹来看，可知三千年前的中国，已具有相当高的工艺水平。鼎上有特别多的饕餮纹，精雕细刻。据古书所载，饕餮是一种神兽，传说龙生九子，第五子就叫做饕餮，它食量很大。鼎本来是一种食器，饰以饕餮，正好证明它的象征意义，有“能食是福”的意思。鼎上的纹饰，都经高度艺术提炼刻画而成，风格神秘，气象威严，令人肃然起敬，不愧为青铜器中最贵重的宝物。

现代汉字中的“鼎”字，历经甲骨文、金文、小篆、隶书等多次变化，至今仍保留着鼎的风范和象形特征，常用的“问鼎中原”、“一言九鼎”、“大名鼎鼎”、“定鼎之作”、“鼎力相助”等词语，其意思的由来和“鼎”本身所具有的分量实不可分割。

钟和鼎，已成为一种文化的符号，既具有历史的厚重感，又不失工艺的审美价值，灿古烁今，永传妙音，永不褪色。

二十　儒道审美，异趣共融

艺术是中国文化的重要组成部分，儒家重视艺术的教化功能，使艺术的欣赏与创作和提升个人道德境界相联系。道家则强调艺术的独立，提倡至美至乐的艺术境界。儒道两家思想，一入世一出世，两种截然不同的艺术观，共同塑造了中国传统艺术的思想内涵和审美精神。

内涵与美感

孔子曾说过：“志于道，据于德，依于仁，游于艺。”[①]道、德、仁是属于德行修养的范畴，道德修养和艺术才华，二者相得益彰。儒家积极入世的思想，形成一套以人为本的艺术观，温柔敦厚、中正平和的艺术风格，成为了主流的审美标准。而道家的出世思想，追求守静明道，则形成一套以自然为本的艺术观，追求潇洒飘逸和空灵跌宕的艺术旨趣。

孔子讲学情景

①《论语·述而》。

比较而言，儒家偏重人文精神，而道家则注重自然生命。在儒家的角度，艺术固然有其怡情的成分，但同时也可借以陶冶性情和塑造品格，使其“美”与合乎道德的“善”同时并存。因此，艺术的高低之分，本身的艺术水准是一个评判标准，具有丰富的内涵也是不可缺少的。

儒家的这种双向理想，两千年来一直影响着中国文艺的发展方向。

天然去雕饰

道家的艺术思想，较为纯粹，老子说：“人法地，地法天，天法道，道法自然。”[②]道家所谓的“道”，源头是大自然。艺术的精神，也本于自然。因而对于艺术，有一套独特的审美观。庄子说：“与天和者，谓之天乐。”[③]就是要人与万物一体同游，以达致艺术的最高美感和乐趣。这种天乐，实际上是指一种与自然万物合一，精神绝对自由的境界，所以他又说：“天地有大美而不言。”[④]大美而不可言状，是一种超然的艺术审美标准。

然而，因为不为创作设下任何规条，这种自由放旷的精神，使创造的空间得到无限的释放，不必拘泥于一般的绳墨，创作者可以任意地抒写艺术感悟，以表现宇宙间生生不息之道。

这种思想表现在音乐或其他艺术上，则形成或奔放、或淡静、或优悠、或飘逸的超脱特色。到了魏晋时期，更有了长足的发展。玄学家提出“名教本于自然”的看法，认为“道合自然”，甚或越名教而任自然，使人的自身和山水万物等大自然的景物，都成为审美的对象，追求一种“清水出芙蓉，天然去雕饰”的艺术境界。

“情”与“境”和谐合一

在儒道两家的审美观念影响下，中国艺术，不论是绘画、书法，还是雕刻、建筑、园林，都折射出共同的美学特点，表达情趣和意境。

②《老子》第二十五章。
③《庄子·天道》。
④《庄子·知北游》。

如中国的书法，讲求“书道”的涵养，“颜筋”“柳骨”，书如其人，最能说明儒家精神的熏陶；同时，又重线条的运行和变化所创造出来的气韵，谋篇布局，创造书境，追求美感。

山水画

中国的山水画，尤其是文人画，书卷味和艺术味并重，讲求“画道”，注重画家进德修道，寄情写意，而非纯粹的物象再现，亦使欣赏者从中得到美的愉悦。优美壮阔的意境，往往和画家的心境互通，所谓“画即心声”，“善”和“美”和谐统一，既不失艺术的可观性，又不失内涵的可读性。

至于中国的园林艺术，则更是“情”与“境”和谐统一的最佳写照。自然山水之美，固然少不了栽树培花、叠山理水，但也不能忽略读书人特重的人文思致，营造诗情画意，以寻求精神升华、灵魂净化的一方天地。自然美、艺术美和人文美和谐地统一。可以说，自魏晋以后，强调把客观的自然之景与造园家主观的情结合起来，把自我放在自然环境中去，既模仿自然，又追求高雅的情意，是大多园林营造者的理想。这就使得园林艺术，不是画，却有着画一般的风景形象；不是诗，却有着诗一般迷人的意境。诗情画意，包含了人和自然和谐而又统一的意境。

艺术本无定式，但中国的艺术，从内涵到外延皆有其共通的独特气质，这正是因为它们都生成于共同的文化背景，由儒道两家艺术观孕育而来。

附录一

高中中国语文科
中华文化学习大纲

上

专题一：政治与发展
专题二：经济与生活
专题三：文学与人生
专题四：艺术与审美

下

专题五：科技与文明
专题六：伦理与教化
专题七：思想与社会
专题八：传承与交流

专题一：政治与发展

（一）古代政治的特色

（二）构成古代政治格局的基本因素

1. 农业社会
2. 宗法制度
3. 儒家道统

（三）古代政治思想

1. 儒表法里
2. 黄老无为
3. 法、术、势
4. 天道观
5. 内圣外王
6. 民本思想

（四）古代政治结构的特点

1. 家天下
2. 君主专政
3. 士人政府
4. 等级制度
5. 宰辅制度
6. 宦官政治

（五）古代法律

1. 古代法律观念
2. 礼和法的关系
3. 人情与法理的冲突
4. 人治凌驾法治的现象
5. 中西法律思想的差异

（六）科举制度

1. 科举与政治
2. 科举与文学、学术
3. 科举对士风的影响
4. 科举的利弊

（七）古代政治知识撷趣

1. 传统史学与政治的关系
2. 政治游说
3. 古代的政治思想教育
4. 政治中心的确立和转移
5. 政权合法观念的演变
6. 周易象数对政治决策的影响
7. 童谣的政治作用

（八）文化思考

1. 传统政治观念的现代意义
2. 中国文化与民主政治
3. 中华民族的传成与特色

专题二：经济与生活

（一）古代的经济形态

（二）构成古代经济模式的生态环境

（三）古代的经济思想

1. 重农抑商
2. 为民制产
3. 义利观念
4. 消费观念
5. 自由经济思想

（四）经济现象

1. 社会分工
2. 经济改革
3. 经济重心南移
4. 江南经济
5. 商业市镇
6. 徽商、晋商
7. 资本主义萌芽
8. 明清消费现象
9. 匠役制度
10. 工商业行会
11. 海外华侨流布
12. 人口发展趋势

（五）古代经济知识撷趣

1. 古代农业礼仪、节日和习俗
2. 文学作品对经济活动的反映
3. 文学中的商人形象
4. 重农思想与古代农业科技的关系
5. 古代的商业广告
6. 古代交通运输和经济活动的关系
7. 古代消费文化的特色
8. 官商关系

（六）文化思考

1. 古代经济思想的现代意义
2. 现代化与改革开放

专题三：文学与人生

（一）中国文学的特质

（二）诗经

1. 十五国风反映的社会生活
2. 雅诗与宫廷文化
3. 颂诗的宗教气息
4. 赋诗言志

（三）楚辞

1. 楚辞反映的楚文化特色
2.《九章》、《九歌》的宗教色彩

（四）汉赋

1. 汉赋反映的繁华气象
2. 东汉的抒情小赋

（五）乐府

1. 汉乐府反映的民间风俗
2. 乐府诗表现的爱情观

（六）建安文学

1. 建安文学产生的社会背景
2. 建安文学的生命价值观

（七）唐宋散文

1. 古文运动的社会文化背景
2. 古文运动的革新意义

（八）唐诗

1. 唐诗反映的河山风貌
2. 唐诗反映的文化品位
3. 唐诗反映的社会现实
4. 唐诗反映的边塞生活

（九）宋词

1. 宋词的情爱主题
2. 宋词的生命意识
3. 宋词的社会文化功能

（十）元曲

1. 元曲创作和文人生活
2. 元曲的社会讽喻
3. 散曲的人生寄寓

（十一）晚明小品

1. 小品文兴盛的时代背景
2. 小品文的独抒性灵

（十二）明清小说

1. 小说反映的社会面貌
2. 小说的人生讽喻

（十三）新文学思潮

1. 新文学运动的时代精神
2. 新文学的意义

（十四）文化思考

1. 文学的社会功能
2. 情与中国文学

专题四：艺术与审美

（一）中国艺术的美学意蕴

（二）书法

1. 书法的艺术特质
2. 书法与情操、思想、品性
3. 书法与强身健体
4. 中国书法对日本、韩国的影响

（三）绘画

1. 文人画的写意
2. 山水画的寄情
3. 风俗画的生活气息
4. 从画风看中西文化的异同

（四）建筑

1. 宫廷建筑的豪华气派
2. 民居建筑格局的尊卑观念
3. 园林建筑的妙合天然
4. 桥梁文化

（五）雕塑

1. 石窟雕塑艺术
2. 陵墓雕塑造型
3. 华表的象征意义
4. 牌坊的教化作用

（六）音乐戏曲

1. 礼乐观念与教化
2. 民族乐器的交流
3. 乐器的特色
4. 词牌、曲牌的文化渊源
5. 戏曲艺术

（七）工艺服饰

1. 盆景天地
2. 印刻艺术
3. 冠礼玉佩

（八）文化思考

1. 儒道二家的艺术观
2. 传统中国艺术的世界意义

专题五：科技与文明

（一）古代科技发展的特色

（二）古代科技的发展背景

1. 生态环境
2. 经济模式
3. 社会风气

（三）古代的科技教育

（四）古代科技的成就

（五）古代科技知识撷趣

1. 史籍对哈雷彗星的记载
2. 文史资料中的不明飞行物体
3. 古代巫术对科学的影响
4. 世界上第一部法医学专著《洗冤集录》
5.《齐民要术》与达尔文理论的暗合
6. 数理学科与审美观念
7. 炼丹与化学
8. 天文历算

（六）中医与科学

1. 中医的科学精神
2. 佛道文化和医学

（七）传统思想对科技发展的影响

1. 整体性思维
2. 人与自然的和谐意识
3. 古代史料在现代科学研究中的应用
4. 阴阳互补观念
5. 直觉认识
6. 物理概念

（八）中国古代科技在海外的传播

（九）文化思考

1. 李约瑟难题
2. 四大发明的历史意义
3. 中国科技的过去、现在与未来

专题六：伦理与教化

（一）传统伦理观念的特质

（二）传统伦理观念的探讨

1. 孝与中国文化
2. 三纲五常
3. 忠恕之道
4. 理学的伦理价值
5. 宗族观念
6. 姓名的伦理内涵

（三）蒙学

1. 启蒙书籍的道德教育功能
2.《三字经》、《千字文》

（四）家训

1. 家训的价值取向
2.《颜氏家训》的家庭教育观念
3. 家训对传统政治文化的影响

（五）劝善书

1. 道教劝善书
2. 佛教劝善书

（六）与道德教化相关的文化现象

1.古代家训中的礼俗风尚
2.明清儒商的精神道德
3.劝善书对商业活动的规范
4.劝善书对小说戏曲的影响
5.通俗文学的教化功能

（七）明清学者对传统伦理观念的反思

1. 肯定人欲
2. 主张男女平等
3. 反对绝对的君权

（八）社会转变对传统道德观念的冲击

1. 中西方思想的交流
2. 物质生活的提高
3. 家庭结构的转变
4. 电子信息网络的发展

（九）文化思考

1. 家训文化对当今家庭教育的启示
2. 传统伦理观念的现代价值

专题七：思想与社会

（一）传统思想的基本精神

（二）诸子学说

1. 儒家的仁义观念
2. 道家顺应自然的处世哲学
3. 墨家的兼爱思想
4. 法家的法治理念
5. 孙子兵法与管理哲学

（三）汉代经学

1. 独尊儒术与士人政府的形成
2. 章句训诂与微言大义

（四）魏晋玄学

1. 竹林七贤对儒家礼教的抗衡
2. 清谈玄学与心灵解脱

（五）隋唐佛学

1. 佛学的基本要义
2. 佛教在中国流行的原因
3. 佛教对中国文化的影响
4. 佛教的中国化
5. 佛教与禅宗

（六）宋明理学

1. 理学兴起的社会背景
2. 二程的“天理”学说
3. 朱熹的“存天理，去人欲”说
4. 陆九渊的“心即理”说
5. 王阳明的“知行合一”说
6. 浙东学派重视事功的精神
7. 宋明理学的影响

（七）清代学术

1. 顾炎武、黄宗羲、王夫之经世致用之学
2. 乾嘉考据学的科学精神
3. 康有为、梁启超的维新思想

（八）五四新思潮

1. 民主与科学
2. 中西文化论争
3. 新文化运动的反思

（九）文化思考

1. 儒家忠孝仁义的现实意义
2. 传统思想的现代价值

专题八：传承与交流

（一）中华文化的发展与壮大

1. 陆上丝绸之路
2. 海上丝绸之路
3. 汉代与西域的互通
4. 北魏孝文帝的汉化改革
5. 唐代对周边民族的怀柔
6. 宋代的市舶司制度
7. 横跨欧亚的蒙古帝国
8. 郑和下西洋
9. 明清传教士之东来
10. 清代满汉文化的融合
11. 西学东渐
12. 中体西用

（二）当代文化思潮

1. 地球村
2. 儒学的现代化
3. 文化多元论

（三）中国文化对世界的影响

1. 日本
2. 韩国
3. 东南亚
4. 欧美

（四）文化思考

1. 和合思想的现代意义
2. 传统文化的优点和不足
3. 东西文化的交流与互动
4. 中国文化的过去、现在和未来

附录二

主要参考书目

专题一：政治与发展

1. 陈学霖：《刘伯温与哪吒城：北京建城的传说》，东大图书公司，1996年第1版。
2. 程维荣：《道家与中国法文化》，上海交通大学出版社，2000年第1版。
3. 丁原明：《黄老学论纲》，山东大学出版社，1997年第1版。
4 葛　荃：《权力宰制理性：士人、传统政治文化与中国社会》，南开大学出版社，2003年第1版。
5. 黄　钊主编，杨达荣副主编：《道家思想史纲》，湖南师范大学出版社，1991年第1版。
6. 李克非、杨　军编著：《中国古代公正执法真人真事集》，中国政法大学出版社，2002年第1版。
7. 李双璧：《入仕之途：中西选官制度比较研究》，贵州人民出版社，2000年第1版。
8. 林　明、马建红主编：《中国历史上的法律制度变迁与社会进步》，山东大学出版社，2004年第1版。
9. 吕锡琛：《道家道教与中国古代政治：道家道教政治伦理阐幽》，湖南人民出版社，2002年第2版。
10. 马德普主编：《中西政治文化论丛》（第四辑），天津人民出版社，2001年第1版。
11. 齐陆玉、范春梅编：《风雨京城：旧中国历次迁都实录》，河北大学出版社，1996年第1版。
12. 史念海：《中国古都和文化》，中华书局，1998年第1版。
13. 孙广德：《中国政治思想专题研究集》，桂冠图书股份有限公司，1999年第1版。

14. 王基伦：《明德慎刑：中国的法律》，幼狮文化事业公司，1990年第1版。
15. 徐连达、朱子彦：《中国皇帝制度》，广东教育出版社，1996年第1版。
16. 张分田：《中国帝王观念：社会普遍意识中的“尊君—罪君”文化范式》，中国人民大学出版社，2004年第1版。
17. 张翰书：《比较中西政治思想》，五南图书出版股份有限公司，2005年第1 版。
18. 张晋藩主编，朱　勇副主编：《中国法律的传统与现代化：93中国法律史国际研讨会论文集》，中国民主法制出版社，1996年第1版。
19. 张明贵：《比较中西政治思想》，五南图书出版有限公司，2003年第1版。
20. 中国儒学与法律文化研究会编：《儒学与法律文化》，复旦大学出版社，1992年第1版。
21. 周良霄：《皇帝与皇权》，上海古籍出版社，1999年第1版。
22. 朱日耀、曹德本、孙晓春：《中国传统政治文化的现代思考》，吉林大学出版社，1990年第1版。

专题二：经济与生活

1. 董书城：《中国商品经济史》，安徽教育出版社，1990年第1版。
2. 郭　梁：《东南亚华侨华人经济简史》，经济科学出版社，1998年第1版。
3. 郭庠林：《中国封建社会经济研究》，上海财经大学出版社，1998年第1版。
4. 《江淮论坛》编辑部编：《徽商研究论文集》，安徽人民出版社，1985年第1版。
5. 冷鹏飞：《中国古代社会商品经济形态研究》，中华书局，2002年第1版。
6. 马克斯·韦伯：《新教伦理与资本主义精神》，生活·读书·新知三联书店，1987年第1版。
7. 马　涛：《儒家传统与现代市场经济》，复旦大学出版社，2000年第1版。

8. 潘亚暾、汪义生等著：《儒商学》，暨南大学出版社，1996年第1版。
9. 齐　涛主编：《中国古代经济史》，山东大学出版社，1999年第1版。
10. 石世奇：《中国传统经济思想研究》，北京大学出版社，2005年第1版。
11. 陶一桃：《中国古代经济思想评述》，中国经济出版社，2000年第1版。
12. 汪　洁：《中国传统经济伦理研究》，江苏人民出版社，2005年第1版。
13. 王晓昕、李友学主编：《传统文化与现代儒商》，贵州民族出版社，2002年第1版。
14. 魏　林：《历史的重负：中国传统文化中的平均思想及其在社会经济发展中的作用》，国际文化出版公司，1989年第1版。
15. 吴凤斌主编：《东南亚华侨通史》，福建人民出版社，1994年第1版。
16. 谢国祯：《明代社会经济史料选编》，福建人民出版社，1981年第1版。
17. 曾兆祥：《中国封建社会的轻商思想和抑商政策》，中国商业出版社，1983年第1版。
18. 郑学檬：《中国古代经济重心南移和唐宋江南经济研究》，岳麓书社，2003年再版。

专题三：文学与人生

1. 陈俊山：《元代杂剧赏析》，天津人民出版社，1983年第1版。
2. 陈少棠：《晚明小品论析》，波文书局，1981年第1版。
3. 陈桐生：《楚辞与中国文化》，陕西人民教育出版社，1997年第1版。
4. 程　帆主编：《我听鲁迅讲文学》，中国致公出版社，2002年第1版。
5. 丁　夏：《咫尺千里—明清小说导读》，清华大学出版社，2000年第1版。
6. 葛晓音：《唐宋散文》，上海古籍出版社，1990年第1版。
7. 龚鹏程：《文学散步》，汉光文化事业公司，1985年第1版。
8. 黄维樑：《中国现代文学导读》，台湾书店，1998年第1版。
9. 李宗为：《建安风骨》，中华书局（香港），1991年第1版。

10. 刘大杰：《中国文学发展史》（上、中、下），三联书店（香港），1996年第1版。
11. 鲁 迅：《中国小说史略》，三联书店（香港），1996年第1版。
12. 沈松勤：《唐宋词社会文化学研究》，浙江大学出版社，2004年第2版。
13. 施蛰存：《唐诗百话》，华东师范大学出版社，1996年第1版。
14. 万光治：《汉赋通论》，巴蜀书社，1989年第1版。
15. 王 巍：《诗经民俗文化阐释》，商务印书馆，2004年第1版。
16. 杨 义、邵宁宁选注：《插图本中国诗词经·楚辞选》，三联书店（香港），2004年第1版。
17. 杨 义主编：《元曲选评》，三联书店（香港），2006年第1版。
18. 叶嘉莹：《汉魏六朝诗讲录》（上、下），桂冠图书股份有限公司，2000年第1版。
19. 俞平伯：《唐宋词选释》，人民文学出版社，2005年第2版。
20. 袁行霈：《唐诗风神及其他》，香港城市大学出版社，2005年第1版。
21. 周传家：《中国古代戏曲》，台湾商务印书馆，1993年第1版。
22. 周振甫译注：《诗经译注》，中华书局，2002年第1版。

专题四：艺术与审美

1. 杜若鸿：《柳永及其词之论衡》，浙江大学出版社，2004年第1版。
2. 富 强主编：《琴棋书画》，内蒙古人民出版社，2003年第1版。
3. 高 格：《细说中国服饰》，光明日报出版社，2005年第1版。
4. 郭继生：《笼天地于形内：艺术史与艺术批评》，时报文化出版社，1986年第1版。
5. 蒋 勋：《美的沉思：中国艺术思想刍论》，雄狮图书公司，2003年第1版。
6. 金丹元：《中国艺术思维史》，上海文化出版社，2005年第1版。
7. 连 波：《国乐飘香：中国传统音乐文化赏析》，人民音乐出版社，2001年第1版。
8. 刘 墨：《中国艺术美学》，江苏教育出版社，1993年第1版。

9. 鲁文忠、鲁　伟：《极品的故事：中国书画艺术》，山东画报出版社，2005年第1版。
10. 饶宗颐：《饶宗颐艺术创作汇集》，香港大学饶宗颐学术馆，2006年第1版。
11. 施建业：《中国艺术在世界的传播与影响》，黄河出版社，1993年第1版。
12. 施议对：《词与音乐关系研究》，新华书店，1985年第1版。
13. 史树青主编：《中国艺术品收藏鉴赏百科》1—6卷，大象出版社，2003年第1版。
14. 王世瑛、朱德明：《中国古代建筑文化》，旅游教育出版社，2005年第1版。
15. 王志敏、闪淑华：《中国的印章与篆刻》，台湾商务印书馆，2000年第1版。
16. 夏德美、童小珍：《中华艺术5000年》，光明日报出版社，2005年第1版。
17. 徐复观：《中国艺术精神》，春风文艺出版社，1987年第1版。
18. 叶明媚：《古琴艺术与中国文化》，中华书局（香港）有限公司，1994年第1版。
19. 衣若芬：《观看·叙述·审美》，台湾中国文哲研究所，1999年第1版。
20. 郑　明、蓝　铁：《中国画的艺术与技巧》，中国青年出版社，2005年第1版。
21. 中国古代书画鉴定组编：《中国绘画全集》，浙江人民美术出版社，1997年第1版。
22. 朱光潜：《文艺心理学》，台湾开明书店，1958年第1版。